Dream City

Zur Zukunft der Stadträume
On the Future
of Urban Space

Herausgegeben von
Edited by
Max Stemshorn

Foto-Essay von
Photo-essay by
Claudio Hils

mit Texten von
with texts by
Max Stemshorn
Sabine Presuhn
Klaus Töpfer
Sebastian Redecke
Ulrich Schneider
Manfred Schmalriede

711.4 STE

Hatje Cantz

Claudio Hils

Foto-Essay / Photo-essay

Einführung

Max Stemshorn

Prunkvolle Paläste, ehrwürdige Kirchen, antike Monumente. Auf Postkarten und in Reiseführern millionenfach reproduziert, prägen diese Bilder unsere Vorstellung von Stadt. Doch sind es nicht nur die Bauten, ihr Alter oder kunsthistorischer Rang, die in Erinnerung bleiben, sondern auch die Freiräume davor. Ihre Dimensionen und die umgebende Bebauung, das Relief und Material des Bodens, Bäume und schließlich Mensch und Verkehr verleihen diesen Plätzen und Straßenräumen ganz unterschiedliche Charaktere: belebt oder ruhig, monumental oder intim, melancholisch oder heiter.

Im Gegensatz zu früheren Generationen, denen es immer wieder gelang, Stadträume zu schaffen, die auch heute noch beeindrucken, entstanden im 20. Jahrhundert verhältnismäßig wenige öffentliche Räume, die auf Besucher und Bewohner eine vergleichbare Faszination ausüben. Und dies trotz technischer und finanzieller Möglichkeiten, die in dieser Dimension nie zuvor zur Verfügung standen. Was den Straßen und Plätzen historischer Städte ihre spezifische Charakteristik verlieh, wurde im Laufe dieses Jahrhunderts vielfach durch Zerstörung, Abriss und einen Wiederaufbau, der die alten stadträumlichen Strukturen zum Teil bewusst ignorierte, unwiederbringlich ausgelöscht. Zwar bemühte man sich in den letzten Jahren überall in Europa erfolgreich darum, alte Stadträume durch eine behutsame Erneuerung wiederherzustellen, doch beschränken sich diese Aktivitäten in vielen Fällen auf touristisch und kommerziell relevante Bereiche, die in krassem Kontrast zur öden Realität am Stadtrand stehen.

Das Bild intakter Innenstädte übt weltweit eine große Suggestionskraft aus. Die Plätze Roms oder die Boulevards von Paris stehen nicht nur für Urbanität. Mit ihnen verbinden sich auch Begriffe wie Wohlstand, Kultur, gesellschaftliche Ordnung und politische Stabilität. Als Träger positiver Emotionen, Sehnsüchte und Träume sind diese Bilder deshalb nicht nur bei der Ausstattung von Einkaufstempeln und Freizeitparadiesen präsent, sondern auch als Hintergrundkulisse von Fernsehfilmen überall auf der Welt gegenwärtig. Allerdings nicht als Stadt, wie sie realiter in ihrer ganzen Widersprüchlichkeit erlebt wird, sondern als weitgehend austauschbare hübsche Kulisse. Die Urbanität wird inszeniert. Ein Trugbild, das einen nicht zu unterschätzenden Beitrag zu der Auslösung von Migrationsbewegungen leistet.

Doch dieses Bild hat Risse bekommen. Angesichts chaotisch wachsender städtischer Agglomerationen in Asien, Lateinamerika und Afrika stellt sich die Frage, ob am Idealbild intakter europäischer Innenstädte heute überhaupt noch festgehalten werden kann. So viele positive Beispiele einer Renaissance europäischer Innenstädte es auch gibt, so wenig können diese Vorstellungen auf Städte wie São Paulo, Bangkok, Tokio, Los Angeles und Las Vegas, um nur die im Foto-Essay dieses Buches vertretenen Metropolen zu nennen, übertragen werden. Im Gegenteil. Europa wird in Zukunft weit mehr als bisher von der rasanten Entwicklung dieser Metropolen zu spüren bekommen. Die Fotografien und Texte dieses Buches beleuchten schlaglichtartig die ungeheure Spannung zwischen Traum und Realität in unseren Städten.

Introduction

Max Stemshorn

Splendid palaces, dignified churches, monuments of classical antiquity depicted on postcards and in travel prospectuses, all reproduced million fold, influence our perception of the city. Yet, it is not merely the structures, their age or artistic rank that are remembered but also the surrounding area. The dimensions of the surrounding buildings, the relief, the materials used for the ground, as well as trees, people and traffic all lend to these places and streets very differing characters, busy or peaceful, monumental or intimate, melancholy or cheerful.

In contrast to earlier generations who, again and again, were able to create urban centres that continue to impress us even today, very few public spaces built in the twentieth century have managed to hold a comparable fascination on the observer. And this despite the wealth of contemporary technical and financial resources never available in the past. What lent streets and squares their specific historical character has been irretrievably lost by the destruction of war, demolition and reconstruction, which, in part, consciously ignored the old city structures. While it is true that throughout Europe in recent years efforts have been made to restore the architectural legacy of former epochs, these efforts have very often been restricted to areas of commercial activity or to those areas which are of interest to the tourist industry and which frequently stand in crass contrast to the triste reality of the suburban districts.

The idea of intact city centres exercises a powerful suggestive hold on the imagination the whole world over. The Roman squares or Parisian boulevards do not only symbolise urbanity. Notions of wealth, culture, social order and political stability are strongly associated with these. Representative of positive emotions, nostalgia and dreams, these images not only feature in the designs of shopping and leisure facilities but are also instrumentalised as background scenes for television productions. Not, however, as cities experienced in all their contradictory nature but rather as attractive and interchangeable backdrops. Urbanity has become stage managed, creating a false image that, in its contribution to the current problem of immigration, ought not to be underestimated.

Yet, this image is beginning to show cracks. In view of the chaotic growth of urban agglomerations in Asia, Latin America and Africa, the question arises as to whether the ideal image of an intact European inner city can actually be maintained. Regardless of how many examples of a renaissance in European inner cities do in fact exist, there is little chance of this being transferred to other cities such as São Paulo, Bangkok, Tokyo, Los Angeles and Las Vegas, to mention only a few of the cities featured in the photographic essays in this book. On the contrary: in the future, European cities will be no less subject to these rapid developments than the metropolises just cited. The contributions and photographs in this book drastically illuminate the incredible tension between the dream and reality of our cities.

Traum und Trauma. Veränderungen im europäischen Stadtraum

Max Stemshorn

Das Jahr 1925 markiert in Architektur und Städtebau einen Wendepunkt, als im Zusammenhang mit den revolutionären Ereignissen nach 1918 das traditionelle architektonische Weltbild zu wanken begann und die überkommenen Vorstellungen über die Gestalt der Stadt zunehmend hinterfragt wurden. Zu diesem Zeitpunkt, 1924/25, fand in Ulm ein Architektenwettbewerb zur Neugestaltung des Münsterplatzes statt, an dem sich die seinerzeit ungewöhnlich hohe Zahl von 478 Architekten beteiligte. Das Entscheidung der Jury löste eine heftige Debatte aus, die sich in renommierten Fachzeitschriften im deutschsprachigen Raum niederschlug.[1] Auch Fachleute aus dem Ausland äußerten sich zu dem Projekt. »Die Lösung der Ulmer Vorplatzfrage ist ja nicht bloß eine deutsche Angelegenheit [...]. Es handelt sich ja um einen Vorplatz für eine der großartigsten Kathedralfronten, die es überhaupt gibt [...]. Viele nichtdeutsche Architekten, die – wie ich – ihre Ausbildung in Deutschland erhielten, erwarten jetzt in Ulm eine Glanzleistung der modernen deutschen Platzbaukunst«, meinte beispielsweise der norwegische Professor Sverre Pedersen, Drontheim, in *Wasmuths Monatsheften*, die der Berichterstattung über den kontrovers diskutierten Vorgang viel Platz einräumten.[2]
Die überdurchschnittlich hohe Resonanz lag zum einen an der schwierigen und zugleich einmaligen Aufgabenstellung, den Platz vor dem größten protestantischen Kirchenbau Deutschlands neu zu gestalten. Zum anderen forderte die Frage, wie dieser Raum zu definieren sei, Progressive und Traditionalisten in gleicher Weise heraus, ging es doch auch um die Frage, welches der *richtige* Städtebau sei. Dies nicht nur hinsichtlich der Frage, welcher Entwurf der städtebaulichen Situation am angemessensten sei. Es ging auch um die grundsätzliche Frage des Umgangs mit dem städtischen Raum im 20. Jahrhundert.[3] Sollten sich die Planungen an dem historischen Zustand vor 1879 orientieren, als im Zuge der Fertigstellung des großen Westturms ein ehemals die südliche Platzhälfte einnehmendes mittelalterliches Barfüßerkloster abge-

Max Stemshorn

1925 was a turning point in architecture and urban development. The traditional world view of architecture was rocked after the revolutionary events of 1918 and the conception of city design was increasingly called into question. During 1924–25, an architectural competition took place in Ulm to redesign the cathedral square, in which 478 architects took part, an unusually high number. The

Richard Meier, Neugestaltung Münsterplatz Ulm mit dem 1993 fertig gestellten Stadthaus

Richard Meier, redesign of the Münsterplatz Ulm with the Stadthaus exhibition hall completed in 1993

jury's decision set off a furious debate, in which leading architectural journals from German-speaking countries took part.[1] Even foreign professionals expressed their opinion on the project. "The solution of the Ulm square problem is not just a German concern (…). It deals with the square in front of one of the most magnificent cathedrals in existence (…) Many non-German architects, who received their education in Germany, as I did, are now expecting a brilliant example of modern German square architecture in Ulm," so wrote, for example, the Norwegian Professor Sverre Pederson of Drontheim in *Wasmuths Monatshefte*, which gave considerable coverage to the controversial event.[2]

The higher-than-average response was due to the difficult and also unique task of redesigning the square in front of the largest Protestant Church in Germany. At the same time the question of how the space should be defined was one which challenged both the progressives and the traditionalists in equal measure. However, another question was, what was the *right* type of urban development? This was not just a question of which design was the most appropriate for urban development; it was also a question of how to deal with urban space in the twentieth century.[3] Should the plans be oriented towards the historical position previous to 1879, when a medieval cloister from the middle ages, located on the southern half of the square, was pulled down to make room for the west tower during the completion of the cathe-

dral? Should the square be left as it was, according to the image of the nineteenth century, when massive buildings of monumental character were created which stood in contrast to both their surroundings and the city concept. Or should new design interpretations of urban space be used, as had been discussed since the beginning of the twenties in progressive circles in the Netherlands, Germany and France, and also in Communist Russia?[4]

Urban Architecture in the Modern Age

Up until the beginning of the First World War architectural trends were extensively historicised as art nouveau gave way to neo-baroque and neoclassicism. During the course of the German collapse in 1918, progressive and utopian ideas were spreading quickly in Germany; with expressionism playing a key role. A young, progressively orientated generation of architects were influenced at this time by the writings of the philosopher Paul Scheerbart. It was Scheerbart, who, influenced by the socio-political developments which led to the catastrophe of the First World War, developed the utopian concept of crystal-clear glass architecture as an expression of a "light society."[5] The glass architecture described by Scheerbart is directly reflected in the expressionist designs of Bruno Taut and others. In his utopian designs Taut questioned not only the historicised architecture of the pre-war period, but also the city's traditional design and structure. "Let the monstrosities already built fall down. Stone houses create stone hearts," he claimed in 1920 in his book *Die Auflösung der Städte*[6] and outlined poetic visions of rural, completely green, settlements without urban density as an alternative to the traditional city.

As quickly as this expressionistic crystalline vocabulary of form, born by subjective emotions, came into fashion between 1918 and 1920 (although mostly for decorative use), it gave way in 1925 to a new functionalism. The interesting architectural and urban developmental visions of expressionism broke down not only in economic and socio-political senses, but also because of

brochen worden war? Sollte der Platz belassen werden, wie er war, also im Sinne der Vorstellungen des 19. Jahrhunderts, als herausragende Bauwerke ganz im Sinne eines Bau*denkmals* aus der umgebenden Bebauung und dem städtischen Kontext herauspräpariert wurden? Oder sollten neue Auffassungen zur Gestalt des Stadtraums aufgegriffen werden, wie sie in fortschrittlichen Kreisen besonders seit Anfang der zwanziger Jahre in den Niederlanden, in Deutschland, Frankreich und auch im kommunistischen Russland diskutiert wurden?[4]

Städtebau der Moderne

Bis zum Beginn des Ersten Weltkriegs war der Jugendstil in Mitteleuropa weitgehend wieder historisierenden, vor allem neobarocken und neoklassizistischen Architekturtendenzen gewichen. Im Zuge des deutschen Zusammenbruchs 1918 verbreiteten sich in Deutschland rasch progressive utopische Ideen, unter denen insbesondere der Expressionismus eine führende Rolle einnahm. Einen nicht zu unterschätzenden Ein-

Bruno Taut, Skizze einer städtischen Siedlung, 1920

Bruno Taut, sketch of an urban settlement, 1920

their religious-mystical base ("… Ancient wisdom has come back to life: complete openness in sexual matters – defeat of the sex drive through self-control – phallus and rosette – again a holy symbol, the dirty joke impossible without concealment and secret. …),[7] ultimately understood by very few.[8]

Traditional architectural and urban interpretations were also to predominate in the designs submitted for the cathedral-square competition of 1924–25, in which expressionism was at best intimated, here and there, in the proposed facades. As the jury was rather traditional[9] the progressive work of young architects – among them names such as Josef Frank and Lois Welzenbacher,[10] as well as Hans Scharoun – with its cool and objective language of forms for architectural interpretation was ignored. It was however, close to the new style, which, seven years later, in 1932, with Philip Johnson's exhibition in New York would become known as "international style". Scharoun's vision of a windmill-form building with rounded wings to be built in the middle of the square was influenced by the expressionist experiments of the previous years. Erich Mendelsohn's similar design with its dynamic horizontals would not only have blocked important routes and the view of the cathedral's main door, but threatened the existence of the entire square.

The break with traditional urban interpretation was a main feature of the modern age. One of its spokesmen, Charles-Edouard Jeanneret, who was born in 1920 in La Chaux-de-Fonds in Switzerland, published several articles in 1920 on this new architecture in *L'Esprit Nouveau*, a magazine he helped found, under the pseudonym Le Corbusier. These articles were condensed in his book *Vers une Architecture* in 1923. His radical view regarding urban development was presented in *Urbanisme*, published in 1925. *Urbanisme*, as well as *Vers une Architecture*, was translated into German shortly

Richard Riemerschmid, Wettbewerbsbeitrag zur Neugestaltung des Ulmer Münsterplatzes 1924, Vogelperspektive. Traditioneller Entwurfsansatz mit expressionistischen Anklängen, die besonders in den überzeichneten Spitzen deutlich sind

Richard Riemerschmid, contribution to the redesign of Münsterplatz at Ulm 1924, birds eye view. Traditional design with a touch of expressionism, especially obvious by the exaggerated spires

fluss auf die junge, progressiv gestimmte Architektengeneration übten in dieser Zeit beispielsweise die Schriften des Philosophen Paul Scheerbart aus, der angesichts einer gesellschaftlich-politischen Entwicklung, die in der Katastrophe des Ersten Weltkriegs mündete, eine Utopie kristalliner und gläserner Architektur als Ausdruck einer neuen, »lichten Gesellschaft« entwickelt hatte.[5] Die von Scheerbart beschriebene Glasarchitektur fand unter anderem in den expressionistischen Entwürfen von Bruno Taut unmittelbaren Widerhall. Taut hinterfragte mit seinen utopischen Entwürfen aber nicht nur die historisierende Architektur der Vorkriegszeit, sondern auch die Stadt in ihrer herkömmlichen Gestalt und Struktur. »Lasst sie zusammenfallen, die gebauten Gemeinheiten. Steinhäuser machen Steinherzen«, forderte er 1920 in seinem Buch *Die Auflösung der Städte*[6] und entwarf als Alternative zur herkömmlichen Stadt poetische Visionen ländlich durchgrünter Siedlungsstrukturen ohne urbane Dichte.

So schnell das kristalline Formenvokabular des Expressionismus zwischen 1918 und 1920 aufgegriffen wurde, allerdings meist nur in dekorativer Hinsicht, so rasch wich diese von subjektiven Emotionen getragene Bewegung um 1925 einer neuen Sachlichkeit. Die interessanten architektonischen und städtebaulichen Visionen des Expressionismus scheiterten dabei nicht nur in ökonomischer und gesellschaftspolitischer Hinsicht, sondern auch aufgrund ihres religiösmystischen Ansatzes (»…Uralte Weisheit ist wieder lebendig: Völlige Unverhülltheit in Geschlechtsdingen – Überwindung der Triebe durch sich selbst – Phallus und Rosette – wieder heiliges Symbol, die Zote unmöglich ohne Verstecken und Verschweigen. …«),[7] dem letztlich nur wenige folgen konnten.[8]

So dominierten auch bei dem Münsterplatz-Wettbewerb von 1924/25 unter den eingereichten Entwürfen traditionelle architektonische und stadträumliche Auffassungen, wogegen sich expressionistisches Vokabular allenfalls hin und wieder in den vorgeschlagenen Fassaden andeutete. Nachdem auch das Preisgericht offensichtlich eher traditionell ausgerichtet war,[9] fanden progressive Arbeiten junger Architekten, die in ihrer kühlen, sachlichen Formensprache einer neuen Architekturauffassung nahe standen, die sieben Jahre später, 1932, anlässlich einer Ausstellung von Philip Johnson in New York als »Internationaler Stil« bekannt werden sollte, wenig Beachtung. Unter ihnen später so bekannte Namen wie Josef Frank und Lois Welzenbacher[10] sowie Hans Scharoun. Nach dessen Vorstellung sollte ein im Grundriss windradartiges Gebäude mit abgerundeten Flügelenden, dem man die expressionistischen Experimente der Vorjahre noch ansah, mitten auf dem Platz entstehen. Der in seiner horizontalen Dynamik Arbeiten von Erich Mendelsohn nahe stehende Bau hätte dabei nicht nur wichtige Wegebeziehungen und den Blick auf das Hauptportal des Münsters unterbrochen, sondern die Existenz des Platzes infrage gestellt.

Diese Abkehr von traditionellen stadträumlichen Auffassungen war ein wesentlicher Grundzug der Moderne. Einer ihrer Wortführer, der 1887 in dem schweizerischen La Chaux-de-Fonds geborene Charles-Édouard Jeanneret, hatte 1920 in der unter anderem von ihm gegründeten Zeitschrift *L'Esprit Nouveau* unter dem Pseudonym Le Corbusier verschiedene Artikel über die neue Architektur veröffentlicht und 1923 in seinem Buch *Vers une Architecture* zusammengefasst. Seine radikalen Anschauungen präzisierte er in städtebaulicher Hinsicht in dem 1925 erschienenen Buch *Urbanisme*, das wie *Vers une Architecture* kurze Zeit später auch ins Deutsche übersetzt wurde und große Resonanz fand. Die hierin formulierten städtebaulichen Vorstellungen flossen in ein Papier ein, das, in Grundzügen anlässlich des vierten CIAM-Kongresses 1933 in Athen verfasst, 1941 als Charta von Athen veröffentlicht wurde.[11]

Ein Großteil der Forderungen der Charta mutet heute selbstverständlich an, so das Postulat, dem wachsenden Autoverkehr Rechnung zu tragen und ausreichend Grünflächen in der Nähe von Wohnquartieren anzulegen, oder dass Wohnhäuser auch in den Wintermonaten ausreichend besonnt sein sollten.[12] Dies stellte die Gestalt der europäischen Stadt noch nicht infrage. Anders dagegen einige eher beiläufige Formulierungen, die in ihrer Einseitigkeit und Absolutheit das überkommene Gefüge der Stadt existenziell tangieren sollten. Beispielsweise die Überlegung, die menschlichen Bedürfnisse nach den Grundfunktionen Arbeiten, Wohnen, sich erholen zu unterscheiden und diese Lebensbereiche im Gegensatz zu traditionellen Stadtstrukturen in verschiedenen Stadtvierteln unterzubringen, wohlgemerkt mit dem Ziel, die täglichen Wegezeiten zwi-

Hans Scharoun, Wettbewerbsbeitrag zur Neugestaltung des Ulmer Münsterplatzes, 1924

Hans Scharoun, submission for the redesign of the Münsterplatz at Ulm, 1924

Le Corbusier, *Plan Voisin*, 1925. Vorschlag zur Sanierung der Innenstadt von Paris

Le Corbusier, *Plan Voisin*, 1925. Proposal for the renovation of Paris inner city

thereafter and was well-received. His conception of urban development formulated there was turned into a paper given at the forth CIAM-Congress in Athens in 1933, and published in 1941 as the Charta of Athens.[11]

Many of the demands of the Charta seem normal today – growing traffic had to be taken into account, enough green areas be designed for the residential districts; residents should also receive enough sunshine, even in the winter months.[12] None of these proposals fundamentally called the design of European cities into question. This was not the case with other casual formulations, that in their one-sidedness and absolutism would existentially affect the structure of the city. For example, there was the idea of differentiating human requirements according to such basics as working, living, and relaxing and of locating those various spheres of life in different city districts, in contrast to the traditional city structure – with the goal of reducing the time needed to get from the workplace to one's dwelling! Therefore, one lived in the residential area, did business in the business district and shopped in the shopping centre. Another important point was the rejection of the normal practice of erecting houses in close proximity to the street, as had been done for hundreds of years. Instead, the building of residential high rises divided by green areas was promoted. This separation of functions was also applied to traffic by laying out a large-scale system of non-intersecting streets, meant to speed up inner-city traffic. And they were prepared to tear down historic city districts in order to push these goals through, as is forcefully reflected in Le Corbusier's redevelopment plan for Paris. The conflict with the existing architectural context was consciously overlooked.

schen Arbeitsplatz und Wohnort zu reduzieren. Also Wohnen im Wohngebiet, Gewerbe im Gewerbegebiet, Einkaufen im Einkaufszentrum. Ein weiterer wichtiger Punkt betraf die Ablehnung der seit Jahrhunderten üblichen Praxis, Häuser direkt an der Straße zu errichten. Dafür wurde der Bau von durch Grünflächen getrennten Wohnhochhäusern propagiert. Auch für den Verkehr galt die Funktionstrennung, was im Klartext das Anlegen großzügiger kreuzungsfreier Straßentrassen für einen schnellen innerstädtischen Autoverkehr hieß. Für die Durchsetzung dieser Ziele war man auch bereit, historisch gewachsene Stadtquartiere abzureißen, was sich beispielsweise in Le Corbusiers Sanierungskonzepten für Paris eindrucksvoll widerspiegelt. Eine Auseinandersetzung mit dem bestehenden baulichen Kontext war dabei bewusst nicht vorgesehen.

Der traditionelle Stadtraum

Nun gab es zu allen Zeiten Idealvorstellungen darüber, wie eine Stadt, ihre Struktur, ihre Bauten und Freiräume beschaffen sein sollten. Diese Vorstellungen unterlagen im Laufe der Zeit, in Mitteleuropa vom feudal strukturierten Mittelalter über den Humanismus der Renaissance, über Absolutismus, Aufklärung, industrielle Revolution bis in die Mediengesellschaft unserer Tage, erheblichen Veränderungen.

Hatte das Mittelalter angesichts einer turm- und zinnenbekrönten Stadt Assoziationen mit dem im Neuen Testament beschriebenen »Himmlischen Jerusalem«,[13] so orientierte sich die Spätgotik und vor allem die Renaissance an regelmäßigen geometrischen Grundrissfiguren, die neugegründeten Städten wie beispielsweise dem norditalieni-

schen Palmanova oder dem südwestdeutschen Freudenstadt, um nur zwei Beispiele zu nennen, zugrunde gelegt wurden. Die geometrischen Grundrisse dieser Städte basierten aber nicht nur auf einem geänderten ästhetischen Bewusstsein, sondern spiegelten die neue Wertschätzung mathematisch-philosophischer Überlegungen in der Renaissance wider. In den seltensten Fällen war es allerdings möglich, derartige Idealkonzeptionen in bestehenden Städten zu verwirklichen. Doch zumindest in der bewussten Anlage repräsentativer Plätze und öffentlicher Bauten fand das neue bürgerliche Selbstbewusstsein sichtbaren Ausdruck.

Im Barock erfuhren die geometrisch-rationalen Stadtstrukturen eine ideelle und räumliche Ausrichtung auf den absolutistischen Fürsten, der, im Sinne des absolutistischen Weltverständnisses von Gottes Gnaden zum Herrscher erkoren, das Zentrum des Staatswesens darstellte. In ganz Europa entstanden nach dem Vorbild von Versailles, dessen städtische Siedlungsstrukturen ganz auf das Schlafzimmer des Sonnenkönigs ausgerichtet waren, in dem allmorgendlich der Staatsakt des *lever* stattfand, konzipierte Residenzen. Eine der eindrucksvollsten und konsequentesten Beispiele ist die Stadtanlage von Karlsruhe, deren Radialstruktur vom Mittelturm des Schlosses ausgeht. Der Bau neuer Platzanlagen stand jetzt allerdings nicht mehr im Zeichen bürgerlicher Repräsentation, sondern zielte auf die Verherrlichung des absolutistischen Herrschers.

Die vom politisch und ökonomisch erstarkten Bürgertum geprägten Stadterweiterungen des 19. Jahrhunderts entwickelten die Rasterstrukturen der Barockstadt nach pragmatischen Gesichtspunkten weiter. Blockstrukturen und Gebäudehöhen der Städte orientierten sich nun nicht mehr am Selbstverständnis des Herrschers beziehungsweise am gesellschaftlichen Rang des jeweiligen Bauherrn, sondern folgten unter anderem ökonomischen Gesetzmäßigkeiten. Darüber hinaus bediente man sich ehemals der Aristo-

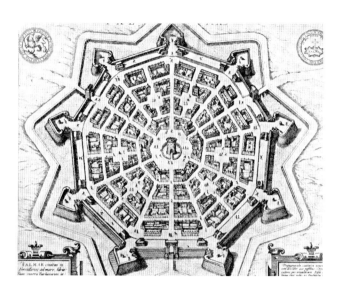

Palmanova in Oberitalien, 1593. Nach Idealvorstellungen der Renaissance geplante Festungsstadt

Palmanova in Upper Italy, 1593. Fortified city, designed according to the Renaissance ideal

Traditional Urban Space

There have always been views on how a city, with its structure, buildings, and public spaces, should ideally be created. In central Europe these images have been subject to considerable change throughout the ages; from the feudally structured middle ages to the humanism of the Renaissance, through absolutism, the Enlightenment, the Industrial Revolution up to the media society of today.

While the towered and battlemented towns of the middle ages are associated with the "heavenly Jerusalem"[13] of the New Testament, the late Gothic style and above all Renaissance architecture were oriented around regular geometric layouts, as found in, for example, the newly created cities of Palmanova in northern Italy and Freudenstadt in Southwest Germany, to name but two examples. The geometric layouts of these cities were not only based on a changed aesthetic consciousness, but also reflected the new esteem in which mathematical and philosophical thought were held during the Renaissance. Only in the rarest cases was it actually possible to realise such ideals in existing cities. However, the new middle-class self-awareness did find its expression in the construction of representative squares and public buildings.

During the baroque period the geometric-rational city structure found a spiritual and spatial order as cities were built to radiate out from the residences of absolutist princes. According to the absolutist understanding of the world, these princes had been chosen by the will of God to represent the state.

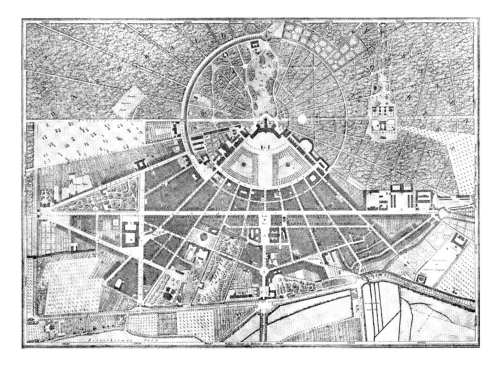

Following the example of Versailles, where the entire city was laid out around the bedroom of the Sun King and where every morning the state ceremony *lever* took place, similar residences emerged all over Europe. One of the most impressive and consistent examples is found in Karlsruhe, where radial structures emanate from the central tower of the palace. The building of new squares was no longer characterised by the desire to further the bourgeois self-image, it now aimed to glorify an absolutist ruler.

The growth of cities in the nineteenth century, was influenced by the ever more economically and politically stronger bourgeoisie, who further developed these patterns of structures in a pragmatic manner. Block structures and the building height of the cities were no longer based on the self-understanding of the ruler, or on the social status of the individual who commissioned the work, but followed, among other things, economic laws. In addition to this, for the first time, building styles and symbols of power were used which, until then, had been a privilege of the aristocracy. Broad boulevards and alleys were created, the space for which, as in Paris, required the demolition of historical quarters. However, the axes were now directed at buildings in which the bourgeois self-image was given demon-

strative expression rather than towards the residence of the ruler. These were pompously equipped museums, town halls and parliaments, opera houses and churches, and, last but not least, railway stations, icons of the new mobility of the society. However, these buildings were not integrated into existing developments to the same extent as during the Baroque. But as freestanding monuments, architectural monuments, they now often filled the middle of a square[14] and even the large-scale demolition required was no deterrent. A prominent example for this is the quarter around the cathedral of Notre Dame in Paris.

The year 1925 marked a turning point in architecture and the building of cities as the traditional architectural worldview began to shake as a result of the revolutionary developments of 1918 and previous views on the form cities should take began to be called into question. For example, the compact European city, which always stood in contrast to the loosely populated rural area around it, developed a structure of hierarchy within its city corpus[15] and contained, simultaneously and next to each other, different lifestyles. Its roads and squares were, in principle, open to all classes of society[16]. Nor was the commitment to block structures, later rejected by the modern age, called into

kratie vorbehaltener Bauformen und Herrschaftssymbole. Großzügige Boulevards und Alleen wurden angelegt, wofür man teilweise auch, wie beispielsweise in Paris, historische Quartiere abbrach. Doch statt auf die Residenz des Herrschers zielten diese Achsen nunmehr auf Bauten, in denen das bürgerliche Selbstverständnis demonstrativ zum Ausdruck gebracht wurde: prunkvoll ausgestattete Museumsbauten, Rathäuser und Parlamente, Opernhäuser und Kirchen sowie nicht zuletzt Bahnhöfe, Zeichen der neuen Mobilität der Gesellschaft. Doch anders als noch im Barock wurden diese Repräsentationsbauten nicht mehr wie in früherem Maße in die vorhandene Bebauung eingebunden: Im Sinne eines frei stehenden Monumentes, eines Bau*denkmals*, besetzten sie nun häufig die Mitte eines Platzes.[14] Hierzu schreckte man auch nicht vor größeren Gebäudeabbrüchen zurück, wofür das ehemalige Quartier um die Kathedrale Notre-Dame in Paris ein prominentes Beispiel ist.

Doch so unterschiedlich die Vorstellungen von Stadt im Laufe der europäischen Geschichte vor 1925 auch waren, so wenig rüttelten sie trotz der ungeheuren Umwälzungen, die die Gesellschaft über Jahrhunderte hinweg erlebte, an zentralen Faktoren, die die Gestalt der europäischen Stadt bestimmen. So stand die kompakte europäische Stadt in der Regel immer in einem Kontrast zum locker besiedelten ländlichen Raum, bildete innerhalb ihres Stadtkörpers ein Hierarchiegefüge mit unterschiedlichen Schwer-

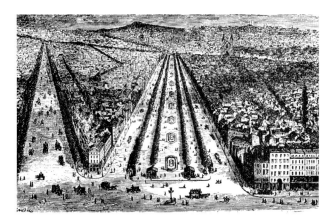

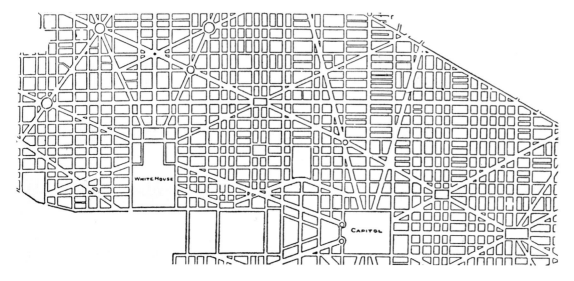

question as essential for the character of the streets and squares.

Whether in the Renaissance, the Baroque or the nineteenth century, as a rule buildings were arranged to the course of alleys and their facades determined street space. Thus, roads and squares could always be recognised by their extension and shape, i.e. there was a clear spatial definition. Those city spaces were not just free space in the structure of the city, to be used in any which way, but genuine space, which had in great part the characteristics of an interior or of a big hall. This was also valid for the seemingly random road-extensions of the middle ages as well as the elaborate succession of squares in the Baroque. The shape of these spaces was not the result of coincidence, but to a large extent the result of strict legal guidelines. These were necessary, because as a result of the lack of space within the confines of the walls, there were ever growing tendencies to enlarge houses through fronts, extensions and stalls at the expense of public space. Block structure was common, but not a matter of course. In the rural areas, at least in Central Europe, loose village structures prevail up to the present day. In countries with no distinct urban traditions such as Russia, the unattached house of rural tradition characterised the cities until the eighteenth century. Peter the Great also attempted further Europeanisation through changes in the urban landscape and ordered the nobility, under threat of beatings, to build their mansions in the new capital of St. Petersburg "like the houses in other European states … along the street and not in the centre of the estate".[17]

punkten aus,[15] umfasste gleichzeitig und nebeneinander unterschiedliche Lebensformen; ihre Straßen und Plätze standen grundsätzlich allen Bevölkerungskreisen offen.[16] Ebensowenig wurde die für die Gestalt der Straßen und Platzräume wesentliche Festlegung auf die von der Moderne später abgelehnte Blockrandbebauung hinterfragt.

Ob in der Renaissance, im Barock oder im 19. Jahrhundert, in der Regel orientierten sich die Gebäude am Verlauf der Gassen und definierten mit ihren Fassaden den Straßenraum. So waren die Straßen und Plätze in ihrer Ausdehnung und Gestalt in der Regel immer optisch klar erfassbar, also räumlich eindeutig definiert. Diese Stadträume waren nicht nur eine wie auch immer nutzbare Freifläche im Stadtgefüge, sondern ein *Raum*, der in weiten Teilen den Charakter eines Innenraums, eines großen Saales aufwies. Das galt für scheinbar zufällige Straßenaufweitungen der mittelalterlichen Stadt ebenso wie für die raffinierten Platzfolgen des Barock. Die Gestalt dieser Räume war kein Zufall, sondern größtenteils Resultat strenger ordnungsrechtlicher Vorgaben. Dies war auch notwendig, denn aufgrund des Platzmangels innerhalb der Mauern gab es immer starke Tendenzen, die Häuser durch Vorbauten, Anbauten und Ladenbuden zu Lasten des öffentlichen Raumes zu erweitern. Die Blockrandbebauung war zwar dabei üblich, aber nicht selbstverständlich. Im ländlichen Raum dominieren zumindest in Mitteleuropa bis heute lockere Dorfstrukturen. In Ländern, die keine ausgeprägte städtische Tradition

aufwiesen wie beispielsweise Russland, prägte das frei stehende Haus ländlicher Provenienz das Stadtbild bis ins 18. Jahrhundert. Auch über das Stadtbild suchte Peter der Große Anschluss an Europa zu bekommen und ordnete 1714 die Adligen unter Androhung der Prügelstrafe an, ihre Herrenhäuser in der neuen Hauptstadt Sankt Petersburg »wie die Häuser in anderen europäischen Staaten [...] der Straßenlinie entlang und nicht in der Mitte der Anwesen« zu bauen.[17]

Die Ideologie wird Realität

Das revolutionäre Potenzial der Moderne bestand in erster Linie in ihrem Verständnis von Stadt. Dies kam aber erst ab dem Zeitpunkt zum Tragen, als die historische Stadtstruktur mit ihrem charakteristischen Straßen- und Wegesystem und ihrer spezifischen Parzellierung im Rahmen von Siedlungsbauten und ganz besonders beim großflächigen Neubau innerstädtischer Quartiere aufgegeben wurde. Im Gegensatz zum traditionellen Stadtraum, der oft den Eindruck erweckt, als habe man aus der dichten Häusermasse ein spezifisches Volumen herausgeschnitten, das als eine Art Hohlkörper konkret erfassbar ist, geht der Städtebau der Moderne von einem diametral entgegengesetzten Leitbild aus. Hier hat nicht ein Platz figurativen Charakter, sondern die skulptural aufgefassten Gebäude, die in einen gedanklich unendlichen Raum solitärartig eingestellt sind. Vereinfacht gesagt vermeidet die Moderne die Bildung konkret erfassbarer Stadträume, wogegen die traditionelle Stadt gerade dies suchte. Die Gründe, warum die über Jahrhunderte nie wirklich infrage gestellten stadträumlichen Vorstellungen plötzlich, innerhalb weniger Jahre, zugunsten der Ideale

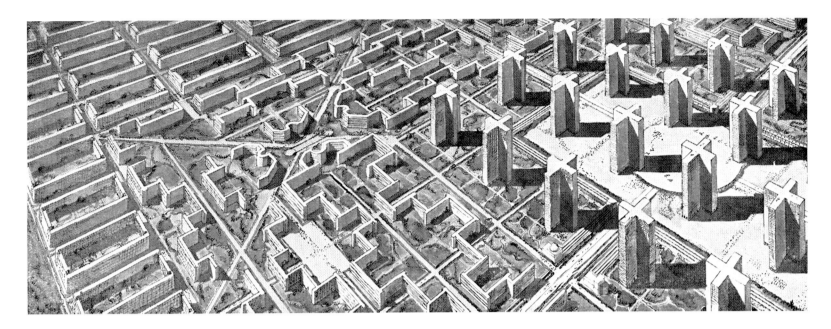

der Moderne auf breiter Ebene ihre Gültigkeit verloren hatten, sind vielschichtig. Entscheidend war, dass diese neuen stadträumlichen Vorstellungen kein Spezifikum der Moderne waren, sondern mit einer Entwicklung konform gehen, die sich spätestens im frühen 19. Jahrhundert ankündigte. Das von Grün umgebene, frei stehende Haus außerhalb des dichten Stadtgefüges war schon im Klassizismus ein Wohnideal des Bürgertums, das kein Geringerer als Karl Friedrich Schinkel in seinem weit blickenden städtebaulichen Konzept für das Packhofgelände in Berlin, heute der Bereich um das Pergamonmuseum auf der Museumsinsel, hinsichtlich einer innerstädtischen Situation weiterentwickelte. Die Moderne verlieh also einer, heute würde man sagen globalen Entwicklung baulichen Ausdruck. Darin dürfte in erster Linie auch ihre große Akzeptanz quer durch alle Gesellschaftsschichten gelegen haben.[18]

Die kompakten europäischen Stadtstrukturen der Vergangenheit entsprangen ursprünglich in erster Linie pragmatischen Überlegungen und waren weniger die Folge einer geistigen oder ästhetischen Idealvorstellung. Der entscheidende Faktor war hierbei die Frage nach der Verteidigung der Stadt, die den Schutz einer maximalen Anzahl

Le Corbusier,
Stadt der Gegenwart,
1922

Le Corbusier,
*The Contemporary
City,* 1922

Ideology Becomes Reality

The revolutionary potential of modernism lay first and foremost in its understanding of the city. This only became an important factor when the historical city structure, with its characteristic road and alley system, and its specific divisions gave way to housing estates, and to an even greater extent, to the widespread rebuilding of inner city areas. In contrast to the traditional city space, which often evokes the impression of a specific volume having been cut out of a dense mass of houses, which can be concretely understood as a kind of hollow body, modernist city construction is based on a diametrical model. Here, the square does not have a figurative character, but the buildings, seen as sculptures, are placed in an imaginary and indefinite room as a solitaire. In simpler terms, modernism avoids the creation of concretely graspable townscapes, exactly what the traditional city sought. The reasons why the conception of cityscapes, never called into question over centuries, suddenly, within the space of a few years, lost their validity on a large scale, making room for the concepts of modern age, are varied. It was decisive that those new concepts of cities were not specific to the modern age but that they conformed to a development that had appeared at the beginning of the nineteenth century, at the latest. The unattached house outside the dense

city structures, surrounded by greenery, had already been a housing ideal of the bourgeoisie in classical times. This was refined by none other than Karl Friedrich Schinkel in his farsighted plan for the Packhof area in Berlin, which today surrounds the Pergamon Museum on the Museumsinsel. The modern age thus gave global development, as one would call it today, a constructional expression. This is the primary reason for its wide acceptance across all societal classes.[18]

The compact European city structures of the past were based primarily on pragmatic considerations that were not the result of an intellectual or aesthetic ideal. The decisive factor here was the issue of defending the city, one that required the protection of a maximum number of people by a wall that should have the shortest possible length. The relative compactness of historical cities was already determined by this. On the other hand, the spaces within the confinement were, at least in the first decades after the building of the fortification, rarely efficiently used. Thus, in many cases, up until the nineteenth century, there existed considerable plots of garden land within the walls and bastions. However, even in the eighteenth and nineteenth centuries, when most of the fortifications in Europe had become obsolete, the compact city structure was adhered to. This might have been the consequence of a centuries-long tradition or of judicio-economic habit. On the other hand, due

von Menschen durch eine möglichst kurze Umwallung erforderte. Mit diesem Faktum war die relative Kompaktheit historischer Städte bereits determiniert. Die Flächen innerhalb der Umwallung wurden zumindest in den ersten Jahrzehnten nach dem Bau einer Befestigung nur in seltenen Fällen ausgeschöpft. So waren vielfach bis ins 19. Jahrhundert hinein auch innerhalb der Mauern und Bastionen beachtliche Gartengrundstücke vorhanden. Doch auch im 18. und 19. Jahrhundert, als in Europa die meisten Stadtbefestigungen obsolet geworden waren, hielt man an der kompakten Stadtstruktur fest. Dies mag Folge einer jahrhundertelangen, auch rechtlich-ökonomischen Gewohnheit gewesen sein. Auf der anderen Seite kam angesichts einer bis zur Industrialisierung relativ immobilen Stadtbevölkerung kurzen Wegen innerhalb der Stadt und damit einer kompakten Bauweise gerade bei größeren Stadtgebilden große Bedeutung zu. Erst mit dem Bau von Eisenbahnen und U-Bahnen, die auch weiter auswärts gelegene Bereiche unmittelbar an die Kernstädte anschlossen, war die Anlage locker durchgrünter Wohnsiedlungen am Stadtrand und im Umland überhaupt möglich geworden. Dies war nicht zuletzt aufgrund der hier niedrigeren Bodenpreise attraktiv.

Diese Siedlungen entstanden in Deutschland vermehrt seit der Jahrhundertwende zur Linderung des sozialen Elends, das sich im 19. Jahrhundert erst in Großbritannien, später überall in den mitteleuropäischen Großstädten zugespitzt hatte. Als Vorbilder für diese Quartiere dienten zunächst vor allem englische Gartenstadtsiedlungen, die bei aller Novität noch an traditionellen stadträumlichen Vorstellungen festhielten. So erfolgreich diese Projekte im Einzelnen auch waren, sie änderten nur bedingt die Situation in den städtischen Kerngebieten, in denen seit dem enormen Bevölkerungszuwachs im Zuge der industriellen Revolution zum Teil katastrophale Wohnverhältnisse herrschten. Angesichts der Diskrepanz zwischen den oft

palastartig gestalteten Fassaden der Mietskasernen und ihren dunklen Hinterhöfen ist es verständlich, dass die Forderung nach einer Abkehr von falscher Repräsentation, nach Auflockerung und Durchgrünung von Wohnquartieren gemäß dem viel zitierten Motto »Licht, Luft, Sonne« große Faszination ausüben musste. Die Abkehr von der traditionellen Blockrandbebauung zugunsten einer offenen Zeilenbauweise schien darüber hinaus den neuen gesellschaftlichen Rahmenbedingungen nach 1918 in besonderem Maße zu entsprechen. Die sachlichen Wohnzeilen der zwanziger Jahre, die nicht nach Vorderhaus und Hinterhaus, nach repräsentativer und weniger mondäner Lage, nach preiswertem Dachgeschoss und *piano nobile* unterschieden, sondern in dem alle in gleicher Weise zur Miete wohnten, entsprach dem neuen Kollektivbewusstsein in besonderem Maße. Kein Wunder, dass die Sozialdemokratie diese Art des Wohnungsbaus in besonderem Maße propagierte,[19] wohingegen der Erwerb von Wohneigentum in Form von Kleinhäusern, die in der Gartenstadtbewegung um 1900 noch eine große Rolle gespielt hatten, nicht zuletzt aufgrund der mit dieser Bauform verbundenen Eigentumsbindung in Misskredit geriet.[20] Da man von der Moderne die Lösung aller Wohnprobleme erwartete, war es naheliegend, dass sich gerade die staatlichen, kommunalen und genossenschaftlichen Wohnungsbauprogramme der zwanziger Jahre der Auffassungen des Internationalen Stils bedienten.

to the relative immobility of the urban population up to the industrial era, short routes within the city and thus a compact building style were of high importance, especially in the larger cities. It was only after the construction of railroads and subways that outlying areas were directly connected to the city centres. Only then did the creation of housing projects with ample green space on the outskirts of the city and in the surrounding areas become feasible. This was attractive not least because of the low real-estate prices to be found there.

Since the turn of the century more and more of these settlements have been built in Germany as a solution to the kind of social problems which developed first in Great Britain before spreading to the cities of central Europe during the nineteenth century. Above all, English "garden city" settlements provided an example for these projects, which, although novel, still adhered to traditional concepts. As successful as those single projects were, they still only partly changed the situation in inner-city areas where, due to the enormous increase in population in the Industrial Revolution, catastrophically bad living-conditions prevailed. In the face of the discrepancy between the often palace-like facades of the tenements and their dark backyards, it is highly understandable that the demand for the renunciation of artificial appearances and, for the opening up and greening of the city according to the often quoted motto "light, air, sun" must have appealed. The departure from the traditional block-construction in favour of an open-row construction style also seemed to correspond, to a high extent, to the new societal situation after 1918. The rows of functional housing built in the Twenties corresponded to a large extent with the new collective conscience, which did not distinguish between street-front buildings and those at the back, between fashionable and unfashionable location or between cheaper top floors and *piano nobile*, saw everyone as simply tenants. It cannot be surprising that it was especially social democracy which propagated this kind of housing construction,[19] whereas the acquisition of real-estate in the form of small houses, which had played a major role in the garden-city movement around 1900, became discredited, not least because of the proprietorial mentality which accompanied this type of building.[20] As modern architecture was expected to solve all housing problems, it is only all too understandable that it was especially the state, community and cooperative building programs of the Twenties that made use of the ideas of the international style.

The mass motorization of the Sixties provided additional impetus to the dissolution of compact city structures and thus, at the same time, the further extension of the town planning principles of modernism. Suddenly, with the advent of the automobile, districts distant from city regions without train and subway connections, became accessible and therefore increasingly attractive, especially since traffic problems were making life in the inner cities almost impossible.

That the town planning principles of modernism would not only be applied to peripheral expansion of cities, but after 1945, also to a wide extent in the inner cities would not have been dreamt of by even the most optimistic modernist ideologists. Inner cities destroyed by the war, such as Rotterdam and Coventry, as well as almost all major German cities, offered planners the welcome opportunity of rebuilding them according to modernist ideas[21]. The architecture of the modern age seemed to be predestined for the German reconstruction, as it symbolised the possibility of Germany continuing with the democratic tradition which had existed prior to 1933, and which had been extensively suppressed under National Socialism.

Although much of architectural fabric of the inner cities had been destroyed, a rebuilding following modernist principles was hardly possible. Then as before, the traditional characteristics remained: the city outline with its complex network of paths, streets and squares, as well as the fixed parcelling of plots of land according to property rights. As exaggerated as it may sound, the cities that had grown over centuries with their characteristic streets and squares were not ultimately destroyed by bombs, but were, in many cases, destroyed by reconstruction, through the reorganisation of property parcelling and the structuring of the streets. If the destroyed buildings had been reconstructed on the lots in similar dimensions, to those which they had had prior to the destruction, the original form of the city would have remained largely the same: the gradient of alignment, street and square dimensions, the surveying of lots and, with that, a considerable statement on the utilisation and splitting of the city districts. In this context it would not have been decisive whether or not the architecture of the buildings was "modern" or historical. The city of Freiburg in southern Germany is an example of this.

Interspersing

Rotterdam, which was bombed by the Germans, was, after the war, a much commented on example of reconstruction according to modern principles. The stipulated separation of vehicular traffic

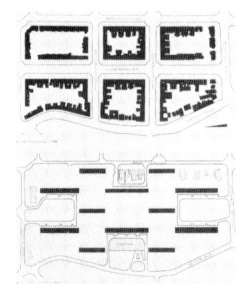

Hamburg, Grindelhochhäuser, Lagepläne vor der Zerstörung und nach der Neuordnung im Zuge des Wiederaufbaus: offene Zeilenbauweise statt traditioneller Blockrandbebauung

Hamburg, Grindelhochhäuser, site-plan prior to its destruction and after reorganisation within the process of renewal: Open, dispersed structures instead of traditional block construction

Eine zusätzliche Beschleunigung der Auflösung kompakter Stadtstrukturen und damit gleichzeitig eine weitere Verbreitung der städtebaulichen Grundsätze der Moderne erfolgte durch die Massenmotorisierung seit den sechziger Jahren. Mit dem Auto waren plötzlich auch Wohnorte weit außerhalb der von Eisen- und U-Bahnen versorgten Stadtregionen erreichbar und auch zunehmend attraktiv, denn verkehrsbedingt war das Leben in der Kernstadt in vielen Bereichen nahezu unmöglich geworden.

Dass die städtebaulichen Grundsätze der Moderne nicht nur im Bereich von Stadterweiterungen am Stadtrand umgesetzt wurden, sondern nach 1945 auch in den Innenstädten in großem Umfang Wirklichkeit werden würden, hatten vielleicht selbst die optimistischsten Ideologen der Moderne nicht zu träumen gewagt. Kriegsbedingt zerstörte Innenstädte wie beispielsweise Rotterdam oder Coventry sowie fast alle größeren deutschen Städte boten den Planern der Nachkriegszeit die willkommene Möglichkeit, die Innenstädte nach modernen Vorstellungen wieder aufzubauen.[21] Die Architektur der Moderne schien für den deutschen Wiederaufbau geradezu prädestiniert zu sein, symbolisierte sie doch nach ihrer weitgehenden Unterdrückung durch den Nationalsozialismus ein Wiederanknüpfen Deutschlands an seine demokratische Tradition vor 1933.

So sehr die Bausubstanz der Innenstädte in vielen Fällen auch zerstört, ja manchmal bis zur Unkenntlichkeit verwüstet war, so wenig konnten die Städte ohne weiteres nach den Grundsätzen der Moderne wieder aufgebaut werden. Denn nach wie vor war das Charakteristische der traditionellen Stadt erhalten geblieben: der Stadtgrundriss mit seinem vielschichtigen Netz an Wegen, Straßen und Plätzen sowie die eigentumsrechtlich fixierte Parzellierung der Grundstücke. So überspitzt es vielleicht klingen mag: Die jahrhundertelang gewachsenen Städte mit ihren charakteristischen Straßen- und Platzräumen wurden

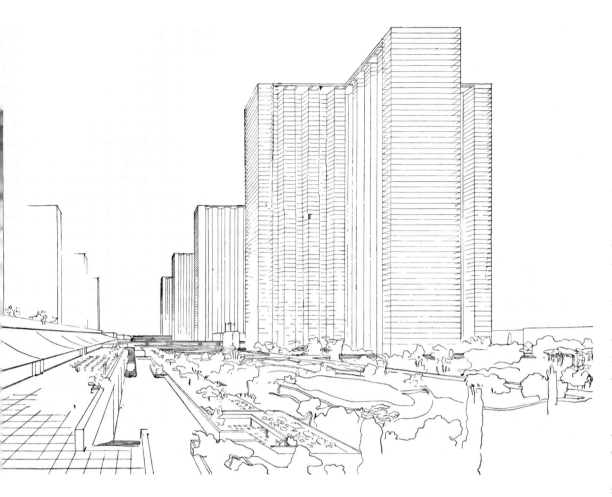

Durchgrünte Stadt. Le Corbusier, *Stadt der Gegenwart*, 1922

Green city. Le Corbusier, *The Contemporary City*, 1922

from pedestrian traffic in the inner-city of Rotterdam, along with others, made the establishment of one of the first European pedestrian zones, the *Lijnbaan*, possible. As impressive as these shopping streets with their low buildings and high rises might have been, today they have lost their novelty; it is now impossible to overlook the deficiencies of form and style. However, the question here is neither one of ugliness or beauty. The majority of houses in the old towns did not correspond to contemporary taste either. Yet, the architecture was usually part of traditional block construction in which they were relatively unobtrusively integrated. A dilemma of much modern architecture is that it laid claim to a solitude detached from meaning and quality of design. This was in contrast to the historical city, indebted as it was to prominent, carefully planned buildings. Thus today, in all its raw immediacy, we are confronted with a banality which has never ceased to be present.

The idea that not only the aristocracy or wealthy middle-class but also the lower classes of society should be entitled to live in or near a park, with all the advantages this offers, is indeed, fascinating. Yet, enthusiastic as city planners may have

letztlich nicht durch die Bomben, sondern in vielen Fällen erst durch den Wiederaufbau zerstört, und zwar im Zuge der Neuordnung der Grundstücksparzellierung und der Straßenstruktur. Hätte man die zerstörten Gebäude auf den bisherigen Parzellen in ähnlicher Dimension wie vor der Zerstörung wieder aufgebaut, wäre die ursprüngliche Gestalt der Stadt weitgehend erhalten geblieben, also der Verlauf der Baufluchten, die Dimension der Straßen- und Platzräume, der Zuschnitt der Parzellen und damit wesentliche Aussagen zur Nutzungsstruktur und Körnung der Stadtquartiere. Dabei wäre nicht entscheidend gewesen, ob die Architektur der Gebäude »modern« oder historisierend gewesen wäre. Der Wiederaufbau der Stadt Freiburg ist hierfür ein Beispiel.

Zwischenräume

Das von den Deutschen bombardierte Rotterdam war in der Nachkriegszeit ein viel beachtetes Beispiel eines nach den Grundsätzen der Moderne durchgeführten Wiederaufbaus. Der geforderten Trennung des Fahrver-

kehrs vom Fußgängerverkehr wurde in der Innenstadt Rotterdams unter anderem in der Einrichtung einer der ersten europäischen Fußgängerzonen, der *Lijnbaan*, Rechnung getragen. So sehr diese von Flachbauten und Hochhäusern gesäumte Einkaufsstraße die Öffentlichkeit zur Zeit ihrer Erbauung beeindruckt haben mag, so wenig sind heute, nachdem diese Bauten ihre Novität eingebüßt haben, die maßstäblichen und gestalterischen Defizite der Umgebung zu übersehen. Nun geht es hier nicht um die Frage von schön oder hässlich. Auch in den alten Städten entsprach die Mehrzahl der Häuser nicht dem aktuellen Geschmackstrend. Doch waren die Bauten meist Teil einer übergeordneten Blockstruktur, in die sie verhältnismäßig unauffällig eingebunden waren. Ein Dilemma der Moderne ist es, dass ein Großteil ihrer Bauten einen Solitärcharakter für sich beansprucht, unabhängig von Bedeutung und gestalterischem Rang. Anders die historische Stadt, die dies nur besonders herausragenden und deshalb sorgfältig geplanten Bauten zugestand. So tritt uns die Banalität, die es immer schon gab, heute unvermittelt und demonstrativ entgegen.

Die Vorstellung, dass nicht nur die Aristokratie und das vermögende Bürgertum, sondern auch einfache Bevölkerungskreise die Möglichkeit haben sollten, in oder an einem Park mit allen seinen Qualitäten zu wohnen, ist durchaus faszinierend. Doch so begeistert Stadtplaner auch Konzepte für die durchgrünte Stadt auf Papier bannten, so engagiert sich Architekten auch um die Umsetzung dieser Idee verdient machten, so wenig hat heute in vielen Fällen die Realität mit diesem Traum zu tun. Zu groß sind die durch Verkehr und parkende Autos hervorgerufenen Beeinträchtigungen, zu gering der oft nach Aspekten einer optimalen Belichtung bemessene Abstand zwischen den Gebäuden, als dass sich in den Zwischenräumen wirklich eine Parklandschaft hätte entwickeln können. Der Blick des Erholungssuchenden und Spaziergängers fällt hinter

der nächsten Wegebiegung eben auf keinen malerisch angelegten Teich, eine pittoreske künstliche Ruine oder einen reizvollen Pavillon wie in historischen Parkanlagen, sondern reicht nur bis zum nächsten Parkplatz, zur angrenzenden Garagenanlage oder zum benachbarten Dreispänner. So degenerierten in vielen Fällen die Grünflächen zwischen Wohnblocks zu Abstandsflächen und Verkehrsgrün, das wohl eine Distanz zwischen Straße und Fußgänger herzustellen vermag, darüber hinaus jedoch kaum nutzbar ist. Insofern können aus heutiger Sicht auch seinerzeit vielbeachtete Siedlungen wie der Wiederaufbau des ehemals gründerzeitlichen Hansaviertels in Berlin bei aller Qualität, die die Grundrisse der Wohnbauten bieten mögen, auf Dauer letztlich nicht befriedigen.

In manchen Fällen ist aus dem Traum gar ein Albtraum geworden, der in einigen Städten nur noch durch den Abriss der heruntergekommenen Wohnzeilen gelöst werden konnte. Die häufig in einer einseitigen Belegung wurzelnden sozialen Probleme konnten in diesen monofunktionalen Wohnsiedlungen mit ihrem trostlosen Wohnumfeld vielfach nicht mehr bewältigt werden. Die in den sechziger Jahren aufkeimende Kritik an der Moderne, die Alexander Mitscherlich in seiner vielbeachteten Schrift über die *Unwirtlichkeit unserer Städte*[22] auf den Punkt brachte, entzündete sich allerdings weniger an den bescheidenen und oft angenehm proportionierten Wohnsiedlungen der fünfziger Jahre, sondern an den hochverdichteten Großsiedlungen der sechziger und siebziger Jahre, die allerdings, wie schon bei Le Corbusier oder Ludwig Hilberseimer zu sehen war, der Ideologie der Moderne durchaus entsprachen.

Charles Moore, Piazza d'Italia, New Orleans, 1976–1979. Der Platz, ein Schlüsselwerk der Postmoderne, ist Zentrum eines neuen Stadtteils, in dem sich Bevölkerungsgruppen italienischer Herkunft konzentrieren. Der spielerisch-ironische Umgang mit historischen Architekturformen verleiht dem Ganzen einen fiktionalen Charakter.

Charles Moore, Piazza d'Italia, New Orleans, 1976–1979. The Piazza, a key work of Postmodern design, forms the centre of a new city district inhabited by a population of predominantly Italian extraction. The playful and ironic treatment of historical architectural forms lends it a fictional character.

been to capture these concepts of a green city on paper, and as much as the committed architects who implemented these ideas all deserve recognition, the reality does not correspond to the dream. The interferences caused by traffic and parked cars are too great, while spaces between buildings, which are often designed for optimal lighting are too small for park landscapes to have developed. People going for a walk are unlikely to encounter a quaint pond, a picturesque man-made ruin or an attractive pavilion, as found in historic parks, but rather the next car park, nearby garages or a block of flats. Thus in many cases the green areas between residential blocks degenerated into grassy traffic islands which, though they may have established a distance between the street and the pedestrian, were useless for anything else. To this extent, from the contemporary standpoint, the once highly esteemed reconstruction of the former Hansa district in Berlin, remains, in the final analysis unsatisfactory.

In many cases, the dream has become a nightmare which, in some cities could only be solved by the demolition of the dilapidated housing. The social problems that had their roots in a one-sided residency could not be overcome in the mono-functional residential areas with their triste surroundings. The nascent criticism of modernism in the sixties, underscored by Alexander Mitscherlich in his highly acclaimed book *Die Unwirtlichkeit unserer Städte*,[22] was set off less by the unassuming and often pleasantly-proportioned residential areas of the fifties than by the densely populated areas of the sixties and seventies – which as was already apparent to Le Corbusier or Ludwig Hilberseimer, conformed to the ideology of modernism.

The critique of modernism became increasingly misunderstood by the public as a criticism of the aesthetics of the modern, whereas the utilisation of the structural assumptions of urban design were ultimately left unquestioned. It was for this reason that architects soon contented themselves by de-emphasising contours of large tower blocks by a colourful beautification of their facades and the replacement of flat roofs by tiled roofs. However, stylistic alterations do not solve conflicts which have their roots in the deficiencies of urban development. Even today, aside from a few model projects, the public spaces of many newly-built areas still possess a residual, left-over quality cut to the planner's design.

Die Kritik an der Moderne wurde in der Öffentlichkeit jedoch vermehrt als Kritik an der Ästhetik der Moderne missverstanden, wogegen die strukturellen Ansätze dieses Städtebaus in der Praxis letztlich nicht hinterfragt wurden. Deshalb begnügte man sich bald mit einer aufgeregten Auflockerung der Konturen der großen Wohnmaschinen, mit der farblichen Verhübschung ihrer Fassaden und dem Ersetzen von Flachdächern durch geneigte Ziegeldächer. Doch gestalterische Retuschen lösen nicht die Konflikte, die in städtebaulichen Defiziten wurzeln. Bis auf wenige Modellprojekte haben die Freiflächen in vielen Neubauquartieren auch heute noch die Qualität einer Abstandsfläche oder eines Restzwickels, deren Zuschnitt in vielen Fällen dem Kurvenlineal des Verkehrsplaners folgt.

Die Kulissenstadt

Da man der Eintönigkeit und Eindimensionalität der Wohnsituation in der Peripherie der Stadt fast jederzeit entfliehen kann, besteht auch keine wirkliche Notwendigkeit, hieran etwas zu ändern. Wenn man Urbanität erleben möchte, das vielbeschworene Flanieren auf attraktiven Plätzen, das Bummeln von Geschäft zu Geschäft, dann setzt man sich heute ins Auto und fährt zu einem der großen Shopping- und Erlebnis-Center wie beispielsweise das gigantische *CentrO* im deutschen Oberhausen, oder sogar tatsächlich in die Stadt, denn in letzter Zeit hat sich auch hier nach Jahrzehnten von Stagnation und Niedergang einiges getan. Dies war angesichts der Entwicklungen im großflächigen Einzelhandel auch überfällig. Die Innenstädte hätten der Konzentration des Einzelhandels auf der grünen Wiese heute sonst nur noch wenig entgegenstellen können.

Die kommunalen und staatlichen Sanierungsprogramme der letzten Jahre zielten dabei nicht nur auf die Erneuerung historischer Bausubstanz, sondern auch auf die Aufwertung innerstädtischer Straßen- und Platzräume. So positiv sich dies in der Regel auf die Innenstädte auswirkte, so problematisch ist

Paolo Portoghesi mit INFRA, Neugestaltung Exerzierplatz, Pirmasens, 1995. Die Spannung zwischen der Bedeutung des Ortes und der Gestalt des Platzes, die auf den Petersplatz und das Kapitol in Rom unmittelbar Bezug nimmt, wurde kontrovers diskutiert.

Paolo Portoghesi with INFRA, redesign of Exerzierplatz, Pirmasens, 1995. The tension between the significance of an area and the form of the place, drawing directly from Peters Place and the Capitol in Rome became a theme of controversial discussion.

The Synthetic City

There is no actual necessity to change anything in the outskirts of the city, since it is possible to escape from the monotony and uni-dimentionality virtually any time one chooses. If one wishes to experience urbanity today in the form of a charming stroll through open spaces or a saunter from shop to shop, then one gets into one's car and drives to one of the large shopping or leisure centres. Or actually into the real city, which has recently undergone many changes after decades of stagnation and decline. This was a long overdue reaction to the development of large-scale retail stores on the outskirts.

The goals of municipal and state renovation programs of the past few years were not only the renovation of historic buildings, but also the upgrading of inner-city streets and squares. However positive an effect this generally has on the inner-city, it has a problematic aspect: only the shopping streets and certain places of interest to tourists have benefited from a renovation, which, from today's perspective, sometimes seems extravagant. The inner-city side streets, on the other hand, are often left in their run-down state. However much the image of the historical city has been belatedly celebrated throughout Europe since the Eighties, this situation stands in crass contrast to the historical reality – the real historical city had no such functional differentiation between its districts.

The increase in attractiveness resulting from the renewal of the architectural ambience in the city has been challenged by the shopping centres in the countryside which make use of an imitation of inner-city building elements, which in many respects are superior to those in the city itself. There is adequate parking space, often free of charge, the artificial weather is always comfortably consistent, everything is clean and panhandlers and punks do not pose a nuisance while shopping. As much as one might wish to complain about the degeneration of the city into a mere city image, to be exploited for marketing purposes, in the final analysis these entertainment facilities do from the outset what the historical inner city does for the majority of the population – provide an attractive backdrop, a stage-setting for shopping and pub crawls, where the real residents of the city become merely extras.

American project developers recognised long ago the potential for copying historic cityscapes. This was not only true for leisure parks and urban entertainment-centres, but also for housing construction. The private city of Celebration for example, developed by the Walt Disney Corporation and located about an hour's drive from Orlando, Florida, or Summerlin near Las Vegas, which offer a custom setting for pensioners, golfers, families with children and other target groups. Naturally, these ambiences are clearly separated according to the lifestyles of the groups. They are cities and they are not cities: They are picturesque developments with historical architecture, possessing everything a real city needs – a city hall, school, shops, sports grounds, and even a commercial centre. But life there is not governed by communal self-government; it follows the rules of behaviour laid down by a company, rules that determine how often the lawn of one's property should be mowed. A mayor or an elected municipal council has become superfluous – this may even make life in these settlements less complicated. And yet the small town of Celebration (population 12,000)[23] possesses a city hall, designed, incidentally, in the mid-nineties by the elderly Philip Johnson, a man who in 1932 had made important contributions to the canonisation of modernism.

The general conditions in the USA may be different though. The New Urbanism movement is a serious response to Suburban Sprawl, the catastrophic urban sprawl on the outskirts of American cities, of a magnitude unknown in Europe[24]. Since one may state with certainty that there has been no lifestyle trend originating in the USA that has not found its way to Europe, it is to be expected that such artificial cites will at some point make

their way to Europe. A demand is present, because their artificially intact world services emotions that have apparently up till now not been given their proper due. A beginning has already been made, although it has been hardly noticed by the city planners and architects of the establishment. The reference here is not only to a housing project in Great Britain initiated by the Prince of Wales and condemned by orthodox planners. Similar ones are being created, for example, near Disneyland Paris and on the Wustrow peninsula in Mecklenburg-Vorpommern in eastern Germany.

But there is nothing new under the sun. Duke Karl Eugen of Württemberg, for instance, built a so-called English village in the park of his Hohenheim residence in 1776, near Stuttgart in southern Germany. This village offered not only picturesque farm houses and "Roman ruins", but also "public" buildings, such as a city hall, school, cloister and a gaol. When this extensive arrangement of stage props went into operation during holidays, numerous extras played the roles of mayor, teachers and pupils, monks and farmers. This may have been piquant merrymaking on a comparatively modest scale, nevertheless, Europe has had a remarkable tradition in the imitation of historic cityscapes. Are the treasured 19th century city districts with their never-ending rows of palace facades not also staged cities? Gothic, Baroque, Art Nouveau or Medieval, styles could be chosen by the developer and architect, according to their tastes, and then be applied to a rationally planned building. It was exactly this discrepancy between pretension and reality that caused these places to be rejected by the puristic modernists.

European cities have always demonstrated a remarkable ability to respond to unforeseeable change and to maintain themselves in times of social upheaval and catastrophes. We are therefore entitled to the hope that they will somehow

es, dass vielfach nur die Einkaufsstraßen und die für Touristen attraktiven Orte diesem, aus heutiger Sicht machmal überzogenen, Aufwand unterworfen wurden, wogegen innerstädtische Nebenstraßen häufig nach wie vor als Andienungszone genutzt werden. Ganz im Gegensatz zur historischen Stadt, deren Bild überall in Europa seit den achtziger Jahren wieder nachgeeifert wird, die aber diese Differenzierung der Straßenfunktionen nicht kannte.

Den Attraktivitätszuwachs, den die Städte der Erneuerung ihres architektonischen Ambientes verdanken, kontern die Shopping-Zentren auf der grünen Wiese zunehmend mit einer Inszenierung innerstädtischer Bauensembles, die in mancher Hinsicht der echten Stadt voraus ist. Es gibt genügend, meist kostenlose Parkplätze, das künstliche Wetter ist immer gleichbleibend angenehm, alles ist sauber und niemand wird hier von Bettlern und Punks beim Shopping belästigt. So sehr man diese Degenerierung der Stadt zum marketinggerechten Stadtbild beklagen mag, so sehr nehmen diese Entertainment-Einrichtungen letztlich nur vorweg, was die historischen Innenstädte für einen Großteil der Bevölkerung schon lange darstellen – eine attraktive Kulisse für Einkaufsbummel und Kneipentour, in der ein echter Stadtbewohner bald nur noch die Funktion eines Statisten hat.

Amerikanische Projektentwickler haben längst erkannt, welche Potenziale in der Nachbildung historischer Stadtbilder liegen. Das gilt nicht nur für Freizeitparks und Urban Entertainment Centers, sondern auch für den Wohnungsbau. Die vom Walt-Disney-Konzern entwickelte, etwa eine Autostunde von Orlando, Florida, entfernte Privatstadt Celebration etwa oder das ebenfalls boomende Summerlin bei Las Vegas, das Rentnern, Golfspielern, Familien mit Kindern und anderen Zielgruppen das speziell auf sie zugeschnittene Kulissenambiente bietet, natürlich säuberlich von den Etablissements der nächsten Lifestyle-Gruppe getrennt. Es sind Städte, die

overcome the current challenges facing them. Compared to the dilemmas – social, hygienic, and ecological – caused by unchecked and almost uncontrollable migration, which confront cities in Asia and the Third World, European problems appear in many respects to be of marginal importance. However, whether the European quality of our cities – their centrality and compactness – will be preserved in the long run is questionable, at least as far as our view into the future reaches. On the other hand, city centres have been relocated in the past as the result of political, commercial and military factors, not, however, to this extent and with this rapidity.

Public space has crystallised in European cities time and again, reflecting the form and utilisation of urban society. Especially in recent years, public places, which for many years stood in the shadows due to traffic requirements, are being utilised in different ways by city dwellers. Even the Church processionals of the past are experiencing a secular renaissance in our media oriented society. A well-known example is the *Love Parade* in Berlin, since copied and celebrated in other European cities.

Perhaps the European city is a model which still has a future, one that can exert a positive stimulus

on world-wide urbanisation: offering an example with respect to the usage of space and energy; the varieties of utilisation as a justified hope that city structures built today will stand the tests of future demands; and suitable public spaces, in which an increasingly diverse range of lifestyles in a diversifying society may still meet and a societal consensus negotiated. To achieve this, a type of urban planning is needed that is not administrative in nature but rather actively promotes the lasting development of the city, undeterred by the interplay of day-to-day politics. And exactly this will present an ever greater challenge, at least in the Western World, where democracy appears to be developing into a form of mediacracy, and where, at least in the short run, political decisions are increasingly made on the basis of their short term media impact.

Aldo Rossi,
Celebration-Place,
Celebration, 1995

Aldo Rossi,
Celebration-Place,
Celebration, 1995

keine Städte sind: pittoreske Siedlungen in historisierenden Bauformen, die alles haben, was eine echte Stadt haben muss, also Rathaus, Schule, Läden, Sportanlagen und sogar Gewerbegebiete. Nur unterliegt das Leben hier keiner kommunalen Selbstverwaltung, sondern den Verhaltensvorschriften des Konzerns, der beispielsweise festlegt, wie oft der Rasen der Eigenheime zu mähen ist. Man braucht auch keinen Bürgermeister oder frei gewählten Gemeinderat mehr, was das Leben in diesen Siedlungen vielleicht sogar vereinfacht. Dennoch gibt es in der auf etwa 12000 Einwohner ausgelegten Kleinstadt Celebration[23] ein Rathaus, das übrigens der greise Philip Johnson, der 1932 wesentlich zu der Kanonisierung der Moderne beitrug, Mitte der neunziger Jahre entworfen hatte.

Nun mögen die Rahmenbedingungen in den USA anders sein. Die Bewegung dieses *New Urbanism* ist jedoch eine ernst zu nehmende Resonanz auf den *Suburban Sprawl*, die katastrophale Zersiedelung der Peripherie amerikanischer Städte, die Europa in diesem Ausmaß nicht kennt.[24] Da es wohl keinen Lifestyle-Trend aus den USA gibt, der Europa nicht erreicht hat, wird auch Europa vermehrt mit ähnlichen Kulissensiedlungen rechnen müssen. Die Nachfrage ist da, denn mit ihrer künstlichen heilen Welt bedienen sie Emotionen, die bisher offensichtlich nicht genug berücksichtigt wurden. Fast unbemerkt von den etablierten Stadtplanern und Architekten wurde auch in Europa längst ein Anfang gemacht. Gemeint ist nicht nur das vom Prince of Wales initiierte, von rechtgläubigen Planern verfemte Siedlungsprojekt in Großbritannien. Ähnliches entsteht beispielsweise auch neben Disneyland Paris und im Osten Deutschlands, in Mecklenburg-Vorpommern, auf der Halbinsel Wustrow.

Es ist ja auch nichts Neues. Beispielsweise hatte der württembergische Herzog Karl Eugen im Park seiner Residenz Hohenheim nahe Stuttgart in den Jahren nach 1776 ein so genanntes *Englisches Dorf* errichten lassen, das nicht nur mit pittoresken Bauernhäusern und »römischen« Ruinen, sondern auch mit »öffentlichen« Gebäuden wie Rathaus, Schule, Kloster und Gefängnis aufwarten konnte. Zahlreiche Statisten spielten den Bürgermeister, die Lehrer und Schüler, Mönche und Bauern, wenn die weitläufige Kulissenanlage an Festtagen in Betrieb ging. Nun war dies sicher nur eine pikante Lustbarkeit von vergleichsweise bescheidener Dimension. Gleichwohl hat Europa eine erstaunliche Tradition in der Nachahmung historischer Stadtbilder. Um nur ein Beispiel zu nennen: Handelt es sich bei den gerade von Stadtplanern heute wieder so geschätzten gründerzeitlichen Stadtquartieren mit ihrer endlosen Reihe repräsentativer Palastfassaden nicht auch um Kulissenstädte? Gotik, Barock, Jugendstil oder Mittelalter konnten seinerzeit von Bauherr und Architekt nach Geschmack ausgewählt und auf den rational durchgeplanten Gebäudekubus appliziert werden. Gerade wegen dieser Diskrepanz zwischen Anspruch und Lebensrealität waren diese Quartiere von der puristischen Moderne ja auch so abgelehnt worden.

Die europäischen Städte haben immer schon eine erstaunliche Fähigkeit bewiesen, auf unvorhersehbare Veränderungen zu reagieren und sich auch in Zeiten gesellschaftlicher Umbrüche und Katastrophen zu behaupten. Deshalb besteht berechtigte Hoffnung, dass sie auch die aktuellen Herausforderungen irgendwie meistern werden. Verglichen mit den Konflikten, denen Metropolen in Asien und der Dritten Welt durch die ungebremsten und kaum zu steuernden Migrationsbewegungen in sozialer, hygienischer und ökologischer Hinsicht ausgesetzt sind, erscheinen die europäischen Probleme in vielerlei Hinsicht geradezu marginal. Ob allerdings das Europäische unserer Städte, ihre Zentralität und Kompaktheit, soweit heute überhaupt noch ablesbar, angesichts der globalen Entwicklungen auch langfristig noch existieren wird, ist fraglich. Auf der anderen Seite haben auch in der Vergangenheit die Städte Verlagerungen ihrer Zentren aufgrund politischer, kommerzieller und militärischer Gründe erlebt, freilich nicht in diesem Ausmaß und in dieser Schnelligkeit.

Und immer wieder haben sich in den europäischen Städten öffentliche Platzräume herauskristallisiert, in deren Nutzung und Gestalt sich die Stadtgesellschaft widerspiegelte. Gerade in jüngster Zeit wurden Plätze, die verkehrsbedingt lange Jahre ein Schattendasein führten, von den Bürgern wieder mit neuen Nutzungen belegt. Selbst die kirchlichen Prozessionen der Vergangenheit erleben in unserer Mediengesellschaft eine freilich profane Renaissance. Ein bekanntes Beispiel ist die *Love Parade* in Berlin, die inzwischen auch in anderen europäischen Städten narzisstisch ausgelassen gefeiert wird.

Vielleicht ist die europäische Stadt sogar ein Modell, das noch eine Zukunft hat und die weltweiten Verstädterungsprozesse befruchten kann: die kompakte Stadt als Leitbild hinsichtlich des Flächen- und Energieverbrauchs; die Nutzungsmischung als berechtigte Hoffnung, dass heute gebaute städtische Strukturen auch den unbekannten Anforderungen von morgen noch gerecht werden; und brauchbare öffentliche Räume, in der sich eine zunehmend in unterschiedliche Lebensstile ausdifferenzierende Gesellschaft noch begegnet und einen gesellschaftspolitischen Konsens aushandelt. Um dies zu erreichen, bedarf es einer Stadtplanung, die sich nicht als Verwaltung gebärdet, sondern als aktive Kraft, unbeirrt vom tagespolitischen Wechselspiel, eine nachhaltige Stadtentwicklung betreibt. Und gerade das wird zumindest in der westlichen Welt, in der sich die Demokratie zu einer Art Mediokratie zu wandeln scheint, in der politische Entscheidungen vermehrt hinsichtlich ihrer kurzfristigen medienpolitischen Wirksamkeit getroffen werden, eine immer größere Herausforderung sein.

1 Auslöser der Debatte war die am 7. Januar 1925 veröffentlichte Entscheidung des Preisgerichts.

2 *Wasmuths Monatshefte*, Nr. 9, 1925, S. 404 f.

3 »Wir sehen in der Schweiz der schließlichen Lösung dieses städtebaulichen Problems schon deshalb sehr gespannt entgegen, weil bei uns der Kampf um die Baugesinnung nicht minder heftig ist.« Alfred Hässig, in: ebd., S. 406.

4 Diese Diskussion hatte durchaus Parallelen zu der heutigen Auseinandersetzung um die Rekonstruktion kriegszerstörter Baudenkmäler vor allem in den Städten Ostdeutschlands, nachdem Planern auch mehr als ein halbes Jahrhundert nach Kriegsende offensichtlich immer noch nicht oder nicht mehr die Kompetenz zugetraut wird, die schmerzlichen Lücken endlich angemessen zu füllen. Ein markantes Beispiel hierfür ist die aktuelle Debatte in Berlin um den Wiederaufbau der 1961 abgerissenen Bauakademie, einem Meisterwerk Karl Friedrich Schinkels, sowie des 1950 aus ideologischen Gründen gesprengten Stadtschlosses der preußischen Könige.

5 »Wollen wir unsere Kultur auf ein höheres Niveau bringen, so sind wir wohl oder übel gezwungen, unsere Architektur umzuwandeln. Und dieses wird uns nur dann möglich sein, wenn wir den Räumen, in denen wir leben, das Geschlossene nehmen. Das aber können wir nur durch Einführung der Glasarchitektur, die das Sonnenlicht und das Licht des Mondes und der Sterne nicht nur durch ein paar Fenster in die Räume läßt – sondern gleich durch möglichst viele Wände, die ganz aus Glas sind – aus farbigen Gläsern.« Paul Scheerbart, *Glasarchitektur*, Berlin 1914, zit. nach: Kenneth Frampton, *Die Architektur der Moderne. Eine kritische Baugeschichte*, Stuttgart 1983, S. 102.

6 Bruno Taut, *Die Auflösung der Städte*, Hagen 1920, S. 1.

7 Ebd., S. 14.

8 Ein anderes Textbeispiel: »IM GROSSEN STERNTEMPEL. Die Andächtigen erhalten vor dem Betreten farbige Gewänder, verschieden je nach Art ihrer religiösen Erfülltheit. Danach ordnen sie sich. Die leuchtendsten Farben strahlen zur Mitte hin. Aus ihnen teilen sich die Sprecher ab, sieben – dann fünf um den Hauptsprecher in der Mitte – Choristisch-dramatische Andacht – Schauspiel, in dem die Menge eine Einheit bildet – ein ›Zuschauer‹ und kein Schauspieler. Die Kunst als Sache für sich ist abgelöst – Alle sind von ihr durchtränkt.« Taut 1920 (Anm. 6), S. 18.

9 Siehe Ingrid Honold, *Der Ulmer Münsterplatz. Wettbewerbe und Projekte zu seiner städtebaulichen und architektonischen Gestaltung*, Diss. Tübingen 1993.

10 Lois Welzenbacher, Herman Sörgel und ein Architekt Frank, bei dem es sich vermutlich um den Österreicher Josef Frank handelte, gaben gemeinsam eine Arbeit ab (nach Honold 1993 [Anm. 9]).

11 Auf den seit 1928 in unregelmäßigen Abständen stattfindenden »Congrès Internationaux d'Architecture Moderne« (CIAM) erarbeiteten junge Architekten und Stadtplaner aus ganz Europa Leitlinien der modernen Architektur und eines künftigen Städtebaus. Der vierte Kongress sollte 1933 ursprünglich in Moskau stattfinden, wurde aber von der Sowjetführung kurzfristig abgesagt: Die Avantgarde hatte in Stalins Diktatur nichts mehr zu suchen. So verlegte man den Kongress auf ein Schiff, das Le Corbusier gechartert hatte. Diese Schiffsreise von Marseille nach Athen und zurück war die längste und zugleich fruchtbarste aller CIAM-Kongresse.

12 Die damals viel zitierte Forderung nach »Licht, Luft, Sonne« hatte ihren Ursprung weniger in Überlegungen zur psychischen Wohnqualität oder gar in energetischen Ansätzen wie in unseren Tagen, sondern in stadthygienischen Zielen, die in Zusammenhang mit der Therapie der damals häufigen Tuberkulose-Erkrankungen standen. Nicht umsonst setzte sich die Moderne deshalb besonders rasch beim Bau von Krankenhäusern und Lungensanatorien durch.

13 *Offenbarung des Johannes*, 21.

14 Hier setzte Camillo Sitte mit seiner Kritik am Städtebau des 19. Jahrhunderts an. Vgl. Camillo Sitte, *Der Städtebau nach seinen künstlerischen Grundsätzen*, Wien 1889.

15 Die Zentren europäischer Städte erfuhren im Lauf der Zeit im Zusammenhang mit politischen, wirtschaftlichen und religiösen Prozessen innerhalb des Stadtgebildes oft gewichtige Veränderungen und Verlagerungen.

16 Der Aspekt der, freilich relativen, Öffentlichkeit des städtischen Freiraums kann hier nur gestreift werden.

17 H. Blumenfeld, »Russian City Planning of the 18th and Early 19th Centuries«, in: *Journal of the Society of Architectural Historians*, Nr. 4.1, Januar 1944, S. 23; zit. nach: Spiro Kostof, *Die Anatomie der Stadt. Geschichte städtischer Strukturen*, Frankfurt/Main 1993, S. 214.

18 Es ist keine Frage, dass derart grundlegende, die Lebensabläufe entscheidend beeinflussende Veränderungen gegen die Vorstellungen der Bevölkerung kaum durchgesetzt werden könnten.

19 Das sozialistische Wien der Zwischenkriegszeit verfolgte anfangs einen anderen Ansatz, der im Karl-Marx-Hof besonders eindrucksvoll Gestalt fand. Hier wurden Bauformen, die ursprünglich mit der herrschenden Klasse vor 1918 identifiziert wurden, auf eigenwillige Weise für die Arbeiterklasse adaptiert.

20 Es ist bezeichnend, dass der Nationalsozialismus, der die dichte, urbane und in seinen Augen dekadente gründerzeitliche Stadt ebenfalls ablehnte, diese Art des Siedlungsbaus propagierte.

21 Dass die Pläne für den Wiederaufbau in Deutschland in vielen Fällen noch unter den Nationalsozialisten während der letzten Kriegsjahre entstanden, hat Werner Durth eindrücklich dargestellt. Vgl. Werner Durth, *Deutsche Architekten*, Braunschweig u. a. 1987.

22 Alexander Mitscherlich, *Die Unwirtlichkeit unserer Städte. Anstiftung zum Unfrieden*, Frankfurt/Main, 1965.

23 Celebration war übrigens der von der Walt Disney Company beigesteuerte amerikanische Beitrag zur Architekturbiennale 1996 in Venedig.

24 Zielrichtung des *New Urbanism* ist die Wiedererweckung der Urbanität amerikanischer Städte, deren Zentren in den letzten Jahrzehnten vielfach einen gewaltigen Niedergang erlebt hatten. Neben überzeugenden Konzepten zur Revitalisierung amerikanischer Innenstädte, bei der unter anderem auch die Aufwertung des öffentlichen Raums eine große Rolle spielt, wenden Vertreter dieser Bewegung beim Bau neuer Siedlungen Prinzipien an, die auch traditionelle europäischen Stadtstrukturen geprägt haben. Wenn man von den – sicher kontrovers zu diskutierenden – historisierenden Bauformen einmal absieht, sind die bisherigen Ergebnisse durchaus positiv zu bewerten. Problematisch sind dagegen Siedlungsprojekte, die vom Erfolg der nach Prinzipien des *New Urbanism* gebauten Wohnquartiere zehren wollen, dabei aber lediglich das Siedlungsbild nachahmen.

Literatur / Bibliography

Leonardo Benevolo, *Storia della città*, Rom und / and Bari 1975 (*Die Geschichte der Stadt*, Frankfurt/Main 1983)

A. E. Brinckmann, *Stadtbaukunst vom Mittelalter bis zur Neuzeit*, Wildpark-Potsdam, 1925

Siegfried Giedion, *Space, Time and Architecture*, Cambridge, Mass., 1941 (*Raum, Zeit, Architektur*, Ravensburg 1965)

Ludwig Hilberseimer, *Großstadtarchitektur*, Stuttgart 1927

Ingrid Honold, *Der Ulmer Münsterplatz. Wettbewerbe und Projekte zu seiner städtebaulichen und architektonischen Gestaltung*, Diss. / Ph. D. diss. Tübingen 1993

Spiro Kostof, *The City Assembled*, London 1992 (*Die Anatomie der Stadt. Geschichte städtischer Strukturen*, Frankfurt/Main und / and New York 1993)

Le Corbusier, *Vers une architecture*, Paris 1923 (*Kommende Baukunst*, Stuttgart et al. 1926)

Le Corbusier, *Urbanisme*, Paris 1925 (*Städtebau*, Stuttgart 1929)

Le Corbusier, *La Charte d'Athènes*, Paris 1943 (*An die Studenten. Die »Charte d'Athènes«*, Reinbek bei Hamburg 1962)

Alexander Mitscherlich, *Die Unwirtlichkeit unserer Städte. Anstiftung zum Unfrieden*, Frankfurt/Main 1965

Gerhard Rabeler, *Wiederaufbau und Expansion westdeutscher Städte 1945–1960 im Spannungsfeld zwischen Reformideen und Wirklichkeit. Ein Überblick aus städtebaulicher Sicht*, Schriftenreihe des Deutschen Nationalkomitees für Denkmalschutz, Bd. / vol. 39, o. J. / n. d.

Paul Scheerbart, *Glasarchitektur*, Berlin 1914

Camillo Sitte, *Der Städtebau nach seinen künstlerischen Grundsätzen*, Wien / Vienna 1889

Bruno Taut, *Die Auflösung der Städte*, Hagen 1920

1 The cause of the debate was the publication of the jury's decision.

2 *Wasmuths Monatshefte*, Nr. 9, 1925, p. 404, 405.

3 "We in Switzerland are watching the developments very carefully, because the struggle on structural thought is of vital importance for us." Alfred Hässig, in *Wasmuths Monatshefte*, Nr. 9, 1925, p. 406.

4 This discussion certainly has parallels to the current conflict on the reconstruction of architectural monuments destroyed by war, especially in the cities in East Germany. Even after half a century after the war's end, planners apparently were not believed capable of appropriately filling in the painful holes. A striking example of this is the current debate in Berlin on the reconstruction of the architectural academy, pulled down in 1961, a masterpiece of Karl Friedrich Schinkel, as well as the City Palace of the Prussian Kings, demolished in 1950 due to ideological reasons.

5 "If we want to bring our culture up to a higher level, then, for good or bad, we are compelled to change our architecture. And this will only be possible if enclosure is removed from the rooms that we live in. We can only do this through the introduction of glass architecture, that lets sunshine and the light of the moon and stars into the rooms through more than just a few windows, but rather through as many walls as possible, walls that are entirely made out of glass – out of coloured glass." Paul Scheerbart, *Glasarchitektur*, Berlin 1914, quoted from: Kenneth Frampton, *Die Architektur der Moderne. Eine kritische Baugeschichte*, Stuttgart 1983, p. 102.

6 Bruno Taut, *Die Auflösung der Städte*, Hagen 1920, p. 1.

7 Bruno Taut, *Die Auflösung der Städte*, Hagen 1920, p. 14

8 A further example: "IM GROSSEN STERNTEMPEL. Before entering, the pious are confronted with coloured walls, differing according to their religious evocation. Later they are ordered. The shimmering colours radiate into the centre. From these the speakers – seven in all – are arranged, then five with the principal speaker in the middle, conceived dramatically, as from a choir, in which the quantity becomes a unity – no "spectators" and no "actors." "Art detached from content – it impregnates everything." Taut, 1920 (Footnote 6), p. 18.

9 See Ingrid Honold, *Der Ulmer Münsterplatz. Wettbewerbe und Projekte zu seiner städtebaulichen und architektonischen Gestaltung*. Ph. D. Diss. Tübingen 1993.

10 Lois Welzenbacher, Herman Sörgel and an architect by the name of Frank, who was supposedly the Austrian Josef Frank, submitted a paper jointly (from Honold 1993, (n. 9).

11 Young architects and city planners from all over Europe compiled guidelines for modern architecture and future urban development at the "Congrès Internationaux d'Architecture Moderne" (CIAM), which has taken place at irregular intervals since 1928. The fourth Congress should have originally taken place in Moscow in 1933, but was cancelled at short notice by the Soviet leadership – avantgarde was unwelcome under Stalin's dictatorship. The Congress was held on a ship that Le Corbusier had chartered. The cruise from Marseilles to Athens and back was the longest, and up until then, most productive of all CIAM-Congresses.

12 The much-quoted demand for "light, air, sun" had its root, less in thoughts on the psychological quality of life or even in the energetic initiatives as in our times, than in goals for city hygiene, in connection with the treatment for widespread tuberculosis. For this purpose the modern movement rapidly implemented the construction of hospitals and sanatoriums.

13 *Revelation* 21.

14 Camillo Sitte developed his criticism here on urban development in the 19th century. Camillo Sitte, *Der Städtebau nach seinen künstlerischen Grundsätzen*, Vienna 1889.

15 In the course of time the centres of European cities experienced important changes and reemphasis within the cityscape due to the political, economical and religious events of the time.

16 Aspects relating to the accessibility and uses of public space can only be touched upon here.

17 H. Blumenfeld, "Russian City Planning of the 18th and Early 19th Centuries", in *Journal of the Society of Architectural Historians*, Nr. 4.1, January 1944, p. 23; quoted from Spiro Kostof, *The City Assembled*, New York 1993 (Die Anatomie der Stadt. Geschichte städtischer Strukturen, Frankfurt/Main 1993, S./p. 214).

18 There is no question that such fundamental changes, which decisively affected lifestyles could have been carried out against the will of the population.

19 Socialist Vienna, during the years between the World Wars, had a different approach, one that found impressive realisation in the Karl Marx Court. Building forms that were originally identified with the ruling classes from before 1918 were adapted in unusual ways for use by the working class.

20 It is significant that National Socialism, that rejected the dense, urban and, in its eyes, decadent old city, propagated this type of residential building.

21 Werner Durth impressively described how the plans for the reconstruction of Germany were, in many cases, created under National Socialism during the last years of the war. Werner Durth, *Deutsche Architekten*, Braunschweig 1987.

22 Alexander Mitscherlich, *Die Unwirtlichkeit unserer Städte. Anstiftung zum Unfrieden*, Frankfurt/Main, 1965.

23 *Celebration* was the American submission, financed by the Walt Disney Corporation, to the 1996 Biannual Meeting of Architects in Venice.

24 The goal of New Urbanism is to reawaken urbanity in American cities, whose centres had experienced enormous decline in past decades. In addition to providing convincing concepts for the revitalisation of American inner cities, in which the revaluation of public space played a large role, representatives of this movement used these principles in building new developments, that were marked, among other things, by a traditional European city structure. If one subtracts the historicised, yet controversial, buildings, the previous results up to now are thoroughly positive. More problematic, in contrast, are the housing projects that attempt to draw on the success of the residential districts that were built according to the principles of *New Urbanism*, but merely copy the settlement pattern.

Der öffentliche Raum in der mittelalterlichen Stadt. Funktion und Gestalt

Sabine Presuhn

Der Bombenhagel des Zweiten Weltkriegs hat in ganz Europa zahlreiche historische Bauwerke zerstört. Viel mittelalterliche Bausubstanz war allerdings schon in früheren Jahrhunderten beseitigt oder umgestaltet worden. In den Nachkriegsjahrzehnten haben veränderte Lebens- und Konsumbedürfnisse weitere Lücken in den Bestand gerissen. Mit den Überresten gehen die Städte und Gemeinden heute meist pfleglicher um, da sie sowohl als wertvolles Kulturgut erkannt als auch zur touristischen Vermarktung der Stadt entdeckt worden sind. Aber wie erlebten die Menschen des Mittelalters ihre Städte, wie verfuhren sie mit ihren öffentlichen Räumen? Wie viel ist gewachsen, was ist bewusst gestaltet?

Natürlich waren auch die mittelalterlichen Städte lebendige Gebilde, die den verschiedensten Wandlungen in politischen wie kulturellen Belangen aufgrund von Lebensgewohnheiten und Modernisierungen nach dem Geschmack der Zeiten und der Regionen unterworfen waren. Die europäischen Städte des Mittelalters haben Gemeinsamkeiten in ihren Grundzügen, in den Einzelheiten wiederum viele Unterschiede. Die Unterschiede geben den einzelnen Städten ihre charakteristischen Züge; sie beginnen schon an den Wurzeln der Städte. Bereits in der Antike

gab es ein prosperierendes Städtewesen. Das Römische Kaiserreich hatte ein beachtliches Netz von Städten und diese verbindenden Straßen errichten können, bevor es im 5. Jahrhundert zum Niedergang des Reiches und damit auch zum Niedergang vieler Städte kam. Erst Jahrhunderte später blühten städtische Lebensformen erneut auf. Dabei sind markante Unterschiede auszumachen, denn dieser Vorgang traf in Europa weder überall zur gleichen Zeit noch im gleichen Umfang ein. Nun gingen die Neubesiedlungen sehr unterschiedlich mit den überkommenen Resten der ehemaligen römischen Städte um. Auf germanischem Gebiet südlich der Donau wurden sie meist bis auf die Ringmauern zerstört, bevor an derselben Stätte eine neue Siedlung entstand. In den linksrheinischen Gebieten dagegen konnten die Überreste der römischen Städte – wenn auch in ihrer Bausubstanz stark dezimiert – als Festungen bestehen bleiben. In Frankreich wurden vielerorts in Anlehnung an alte Ansiedlungen Bischofssitze errichtet oder einem aufkeimenden Pfarrwesen ein Zentrum geschaffen. Ähnlich konnten auf der Iberischen Halbinsel ehemalige Römerstädte als Bischofssitze und Herrschaftszentren weiterbestehen. Auch in England hatten die Römer einige Siedlungen aufbauen können, deren Reste erhalten blieben und als Stützpunkte für Herrscher weiterhin genutzt wurden. In Italien bestand das natürlich hier am stärksten ausgeprägte römische Städtewesen in größerem Umfang fort als im übrigen Europa, der Rückgang der alten Städte in Ausdehnung und Bedeutung fiel nicht ganz so stark aus wie anderswo.

Auch völlig unabhängig von ehemaligen römischen Siedlungen bildeten sich im Mittelalter Städte. Königspfalzen, Burgen oder

Public Space in the Medieval City. Function and Form

Sabine Presuhn

The policy of carpet-bombing in European cities during World War II led to the destruction of numerous historical buildings. Many medieval structures had already been destroyed or restructured in previous centuries. During the post war decades, new living and consumer requirements were responsible for further holes being torn in the body of remaining historical structures. In most cases today the city authorities and councils treat what remains of these structures with care, as they are now considered both as valuable cultural heritage and as assets for the purposes of tourism. Yet, how did the population of the medieval period experience the cities in which they lived? To what extent was the shape of a city during the period under discussion a result of arbitrary growth and to what extent was it due to conscious planning and design?

The medieval city was also a dynamic form, no less subject to the most diverse of transformations than those of the present day: The result of political and cultural interests – of the ways of life and processes of modernisation, in turn determined by contemporary regional tastes. While European cities of the period may share common fundamental features, they were far from uniform. These differences give the respective cities their characteristic form; and these differences can already be observed in the early roots of the city. Prosperous city administrations existed in classical antiquity. The Roman Empire managed to construct an impressive network of towns and connecting roads prior to its decline in the 5th century A.D. Centuries were to pass before urban forms of life once again began to flourish. There were however noticeable differences, as this process was neither simultaneous nor everywhere equally extensive. At the time the new settlements had different ways of dealing with the remains of the former Roman Empire. In the Teutonic territories south of the Danube, aside from the city walls, the majority of these remains were destroyed prior to the establishment of new settlements.

On the other hand, in regions to the left of the Rhine, the remains of the Roman city – despite its structures having undergone severe decimation – were to remain intact and be used as fortifications. In many areas of France, diocesan cities or administrative centres of the church were established on the locations of earlier settlements. Similarly, former Roman settlements on the Iberian Peninsula continued to exist as diocesan cities. The western reaches of the Roman Empire extended to England, where the centres established there were to be used as military bases by a succession of rulers. As to be expected, it was in Italy that the legacy of the city administrative-system of the former Roman Empire was to remain most noticeably intact – especially when contrasted with other regions of Europe, where the decline of such ancient centres, both in their extent and significance, was far more apparent.

The emergence of urban centres outside of former Roman settlements also began during the medieval period. Royal palatinates, castles or cloisters were to become attractive magnets for city life as their powerful protection made settling down possible. However, for the establishment of such centres to be at all possible, two essential factors were required: Firstly, the acquisition of arable land so as to permit an increase in the population, secondly, the institution of a fundamental transformation within the economy: The production of goods was increased and the means of production altered. Production began to be no longer limited to daily requirements and to undergo specialisation. All of these conditions were in place by the

tenth century. The flourishing of trade and commerce is inseparably bound to the development of the city. Thus people began to settle within the secure confines of a feudal court in order to sell their surplus wares – initially on the streets which led to the court. At first small markets were established which constituted the centre of the public sphere in any such settlement. The form such markets took was not prescribed: They would either simply be in the form of a wider road, an extended square or triangle. The city square, as the focal point of the settlement, was only to appear in the thirteenth century. The first markets were generally oriented to the local area. There were also annual markets which took place at certain times of the year and were located in certain places. Until the thirteenth century, four series of markets – the so-called fair systems – developed independently of one another in England, Flanders, the lower Rhine region and in Champagne. To each of these systems belonged five to eight exhibition centres which could accommodate foreign traders and their goods for a number of weeks. Within any one of these systems, the dates on which the markets took place were consecutively organised, permitting traders to sell their goods at various locations from spring until autumn. The exhibition centres were located primarily on the outskirts of established settlements and were so organised that during the exhibitions large numbers of people could be accommodated at the same time; on the other hand, craftsmen lived permanently in the established settlements and also produced goods for foreign buyers. These early settlements, which were characterised by trade, were less organised and developed rather more by chance than by design. Quite naturally, they developed along the main trade routes, rivers and in coastal regions.

From about the second half of the eleventh century, a radical change began to take place in urban

Klöster bildeten vielfach Anziehungspunkte, in deren mächtigen Schutz man sich niederlassen konnte. Damit es aber überhaupt zu städtischen Anfängen kam, waren zwei wesentliche Faktoren vonnöten: Zum einen war eine gewisse Landesbefriedung notwendig, damit die Bevölkerungszahlen zunahmen, zum anderen musste sich die Ökonomie in ihren Grundfesten ändern: Die Warenproduktion wurde gesteigert und verändert, man begann, über den täglichen eigenen Bedarf hinaus zu produzieren, sich mehr und mehr zu spezialisieren. Beide Bedingungen waren etwa mit dem 10. Jahrhundert erreicht. Der aufblühende Handel ist untrennbar mit der Stadtentwicklung verbunden. Menschen siedelten sich zum Beispiel im Schutz einer Burg an, um ihre im Überschuss produzierten Waren zum Kauf anzubieten, zunächst vornehmlich an den Straßen, die zur Burg führten. Auch erste kleine Marktplätze konnten entstehen, die Keimzellen des öffentlichen Raumes der Siedlung. Die Formen dieser Märkte waren nicht vorgegeben, sie konnten entweder einfache verbreiterte Straßen sein, eine langrechteckige oder auch eine dreieckige Form haben. Quadratische Plätze im Mittelpunkt einer Siedlung kamen erst etwa ab dem 13. Jahrhundert auf. Die ersten Märkte waren im Allgemeinen auf die nähere Umgebung ausgerichtet. Daneben gab es auch bereits Jahrmärkte, die an ganz bestimmten Orten zu ganz bestimmten Zeiten stattfanden. Bis zum 13. Jahrhundert entwickelten sich vier voneinander unabhängige Reihen von Märkten, die so genannten Messesysteme in England, Flandern, am Niederrhein und in der Champagne. Zu jedem dieser Systeme gehörten fünf bis acht Messeorte, die für mehrere Wochen die Fernhandelskaufleute mit ihren Waren beherbergten. Die Termine der Märkte in einem System waren aufeinander abgestimmt, sodass die Händler vom Frühjahr bis zum Herbst ihre Waren an verschiedenen Plätzen anbieten konnten. Die Messeplätze lagen zumeist am Rand der ständigen Siedlung und waren

development. Rulers could depend on an increase in population and they were in a position to determine area and size, as well as the roads and squares of their towns in advance, to draw up boundaries around land and allocate it to the new inhabitants. In this manner a road system and, thereby, land administration could be practised. Especially from the twelfth and thirteenth centuries on, many local princes were to build new cities: One of the first German cities organised according to this principle was the city of Freiburg in Breisgau, built by the Duke of Zähringen in 1120. The construction of additional cities was to follow across Europe: in northern Germany by the Guelph, to the north-east of the Baltics built by Teutonic Orders, but also by less influential rulers. Here, the conquest and colonisation of non or less inhabited regions was to play an important role. This was the case in south and south-east Europe as well, though here the Arabic and Ottoman cultures were to have a distinctive influence. Many Italian cities built according to plan were to develop on the foundation of ancient Roman cities. Already existing and unorganised settlements were then annexed to planned and organised development. Generally speaking, it is possible to refer to a conscious formation of the public space.

The ability to meet the basic living needs and a gradual and continuous increase in land acquisition resulted in an increase in the urban population until the mid-fourteenth-century. Those citizens able to escape the constraints of serfdom and to live within the city walls without being ejected were able to attain personal freedom: here, the fundamental tenet was "city air makes one free". Until the middle of the fourteenth century, city life continued to flourish until the terror of the black plague was to ravage its way through Europe, decimating the population especially in the cities. The period that marked the establishment of new settlements then came to a close;

so eingerichtet, dass sie zu Messezeiten viele Menschen aufnehmen konnten; in den ständigen Siedlungen wiederum waren Handwerker ansässig, die ihrerseits Güter zur Ausfuhr produzierten, die sie den Fernhändlern zum Kauf anboten. Die durch einen frühen Handel geprägten Siedlungen zeigten sich eher ungeordnet, sie wuchsen im Allgemeinen so, wie der Zufall es brachte. Naturgemäß entstanden sie vor allem entlang von Haupthandelswegen, an Flüssen und in Küstengebieten.

Etwa ab der zweiten Hälfte des 11. Jahrhunderts gab es eine gravierende Neuerung in der Stadtwerdung: Landesherren begannen, mit dem Zuzug von Bevölkerung in einem bestimmten Umfang zu rechnen, und legten Ort und Größe, Straßen und Plätze ihrer Stadt im Voraus fest, parzellierten die Fläche und teilten sie den neuen Einwohnern zu. Damit war eine ausgerichtete Straßen- und somit Flächenplanung erreicht. Vor allem im 12. und 13. Jahrhundert legten viele Fürsten neue Städte an: Als erste deutsche Gründungsstadt nach diesem Prinzip gilt das von den Herzögen von Zähringen 1120 gegründete Freiburg im Breisgau. Es folgten weitere Stadtgründungen, verteilt über ganz Europa, in Norddeutschland durch die Welfen, im Nordosten bis ins Baltikum durch den Deutschen Orden, aber ebenso durch kleinere Landesherren. Eroberungen und Kolonisierungen von nicht oder wenig besiedelten Landstrichen spielten hierbei eine entscheidende Rolle. Im Süden und Südosten Europas wirkte sich daher auch die arabische und osmanische Kultur prägend aus. Viele der planmäßig angelegten italienischen Städte entwickelten sich auf den Grundlagen der alten Römerstädte. Überall konnten sich auch an schon bestehende, ungeordnete Siedlungen geordnete Erweiterungen anschließen. Insgesamt lässt sich also schon von einer bewussten Gestaltung des öffentlichen Raumes sprechen.

Die Stadtbevölkerung wuchs bis zur Mitte des 14. Jahrhunderts aufgrund der relativen Be-

friedung und eines anhaltenden Zuzugs vom Land allmählich an. Wer aus einer Knechtschaft kam und Jahr und Tag ohne Rückforderung innerhalb der Mauer einer Stadt lebte, konnte die persönliche Freiheit erringen: »Stadtluft macht frei«, hieß der allgemeine Grundsatz. Bis zur Mitte des 14. Jahrhunderts blühten die Städte kontinuierlich auf, dann ergriff ein verheerender Pestzug ganz Europa und dezimierte die Bevölkerung vor allem in den Städten. Die Zeit der zahlreichen Neugründungen war damit vorbei, die vorhandenen Städte entwickelten sich weiter, ohne sich über die Mitte des 14. Jahrhunderts erreichten Ausmaße auszudehnen.

Mit dem Erreichen eines gewissen Wohlstands in den Städten benötigte man Raum zum Aufbau einer zur weiteren Machtentfaltung nötigen Administration und entdeckte ihn auch zu repräsentativen Zwecken. Auch in bürgerlichen Kreisen wurde nun begonnen, die Umwelt mittels sichtbarer Symbole in Besitz zu nehmen.

Und was bot sich für Symbole der Repräsentation besser an als der öffentliche Raum? Hier hatten alle Zugang, die sich zur Stadtgemeinschaft zählten, hier wurden religiöse Handlungen in Gemeinschaft vollzogen, Gerichtsurteile gefällt, Zeremonien weltlicher wie geistlicher Inhalte ausgetragen, Feste gefeiert. Jedem konnte augenfällig der Anspruch auf weltliche Macht und persönlichen Wohlstand, die Stellung innerhalb der Stadtgesellschaft sowie der religiöse, sittliche Lebenswandel der eigenen Person, der eigenen Familie vorgeführt werden. Doch was gehörte in einer mittelalterlichen Stadt zum öffentlichen Raum?

Die alles umgebende Stadtmauer war das erste öffentliche Bauwerk, mit dem man Fühlung aufnahm, kam man von außen an die Stadt heran. Man hatte entweder noch aus der Römerzeit vorhandene Mauern genutzt wie beispielsweise in Trier, oder seit dem 12. Jahrhundert die Holz-Erde-Befestigungen, die zum Schutz der neu entstandenen Kaufmannssiedlungen errichtet worden

HAFNIA

HAFNIA vulgo ꝗ☞❧☞☟ vrbs Daniæ primaria qua fe terra marique conspiciendam exhibet Anno Salutis M. D. LXXXVII.

waren, allmählich durch steinerne Mauern ersetzt. Allerdings gehörten Mauern nicht überall zum Erscheinungsbild einer Stadt: Viele englische Städte kamen ohne sie aus, da sie keiner äußeren Bedrohung ausgesetzt waren und daher einen solchen Schutz nicht benötigten. Die Errichtung und Pflege der Stadtmauer war Sache der Bürger. Zumeist gehörte auch die Nachtwache an den Mauern zur Bürgerpflicht, die dann zum Beispiel durch die einzelnen Stadtviertel organisiert werden konnte. Die Bebauung entlang der Mauer innerhalb der Stadt hielt idealerweise einen gewissen Abstand ein, da hier Raum zur Verteidigung notwendigerweise eingerechnet werden musste. Ansiedlungen außerhalb der Mauern gab es durchaus auch. Auf sie wurde im Zweifelsfall bei einem Angriff auf die Stadt keine Rücksicht genommen. Sie wurden im Gegenteil aus strategischen Gründen mancherorts kurzerhand dem Erdboden gleichgemacht. Die Bewohner dieser Behausungen gehörten im Allgemeinen zu den untersten sozialen Schichten: Kranke, Arme, Bettler. Doch auch Klöster, die sich außerhalb der Mauern ansiedelten, durften nicht unbedingt mit einer Sonderbehandlung im Angriffsfall rechnen. So wurde zum Beispiel Anfang des 16. Jahrhunderts das vor Bremens Mauern erbaute Benediktinerkloster bei einer drohenden Belagerung der Stadt durch den Landesherren von der Bürgerschaft kurzerhand abgetragen.

Bis ans Ende des 14. Jahrhunderts wurden die Mauern vor allem in die Höhe gebaut, um eventuellen Angreifern wirksamen Widerstand bieten zu können, allmählich erst setzten sich andere Methoden wie doppelte Mauerringe und Wehrtürme durch. Von letzteren erhoffte man sich besonders gute Verteidigungsmöglichkeiten, sodass viele kleine

Kopenhagen
Stich von Braun / Hogenberg aus den Civitates orbis terrarum, Bd. IV, 1588.
Im Schutz des im 11. Jahrhundert gegründeten Schlosses auf Slotsholmen siedelten sich Kaufleute, Händler und Handwerker an. Stadtansicht von Westen mit turmbewehrter Mauer. Vor der Stadt liegt der Richtplatz.

Copenhagen
Engraving by Braun / Hogenberg from the Civitates orbis terrarum, Vol. IV, 1588. Under its protection, merchants and craftsmen settled at Slotsholmen castle, founded in the 11th century. View of the city from the West with towered walls. Situated in front of the city is the Richtplatz.

the already existing cities continued to develop without, however, extending beyond the expansion achieved by the middle of the fourteenth century.

With the attainment of a certain standard of living in the cities, space was required for the construction of the administration required for an extension of power. It was discovered that such an administration was also necessary for representative purposes. Even the middle-classes began to shape the urban environment by means of visible symbols.

What could provide a better symbol of representation than public space? All citizens who belonged to the city commune had access to this space. It was here that religious activity was practised, where legal proceedings were conducted, secular and spiritual ceremonies carried out, and festivals celebrated. The claim to secular power and personal wealth, the standing in the community, as well as the religious and moral life-style of one's own person and family could be made apparent to everyone. Yet, what constituted public space in the medieval city?

When approaching a city the first public construction one would notice was the city wall which circled the settlement. Certain cities, such as Trier, utilised walls constructed during the Roman Empire. Wood and earth fortifications were constructed for the purpose of protecting early commercial settlements. From the twelfth century, however, these were gradually replaced

by the stone wall. City walls, however, were not universal. Many English cities were able to survive without them since they were not subject to the outside threat of attack. The construction and preservation of city walls was undertaken by citizens. In the majority of cases patroling the city walls at night formed part of the duties of citizenship which were, in turn, organised by the respective city boroughs.

The buildings constructed inside the city walls were ideally kept at a certain distance necessary for defence purposes. Settlements located outside the city walls also existed; however, such settlements were not protected against attack. On the contrary, in some instances, and for strategic reasons, these would be destroyed. The inhabitants of such dwellings generally belonged to the lower classes of society – the sick, the poor and beggars. Even monasteries built outside the city walls would not be guaranteed special treatment in the case of foreign attack. Such was the fate of the Benedictine monastery built outside the city of Bremen in the sixteenth century: under threat of siege by the archbishop, the citizens levelled the monastery.

Until the end of the fourteenth century, high walls were erected so as to offer effective resistance to potential invaders. Gradually, other methods of defence, such as the double wall and watch tower came into use. With the watch tower, one sought to achieve an optimal defence – many smaller urban settlements possessed a remarkably high

Städte eine bemerkenswert hohe Zahl an Wehrtürmen besaßen. Stadttore dagegen gab es nicht so viele. Sie waren die Verbindung zur Außenwelt, und da man diese Verbindung gern kontrollieren wollte, wurden Tore hauptsächlich an den Hauptverkehrswegen gebaut. Ihrem offiziellen Charakter entsprechend hatten sie oft etwas Monumentales. Nicht selten befanden sich Räume in den Obergeschossen, die für die Verwaltung des Tores dienlich waren. Auch Kapellen findet man gelegentlich. Vor die Tore wurden Delegationen geschickt, wenn offizieller Besuch in der Stadt erwartet wurde, hier fanden die Begrüßungs- und Verabschiedungszeremonien statt. Auch wehrhaft mussten die Stadttore sein, im Notfall zuverlässig zu versperren und gut zu verteidigen sein. Mitunter, vor allem im italienischen oder südfranzösischen Raum, errichteten adelige Clans ihre Residenzen in Verbindung mit den Stadttoren, um ihrem Herrschaftsanspruch Genüge zu tun. Ansonsten waren die an den Mauern anschließenden Stadtgrundstücke weniger begehrt. Hier lebte der ärmere Teil der Bevölkerung, der seine Häuser nicht prächtig-repräsentativ, sondern auf einfachere Lebensbedürfnisse abgestimmt baute. In diesen Bezirken mögen vor allem in den nicht planvoll gewachsenen Städten die Bebauung eng und die Gassen besonders dunkel gewesen sein. Überhaupt waren es nur die Hauptstraßenzüge, die so breit angelegt waren, dass entgegenkommende Karren und Wagen aneinander vorbeikamen. Sowohl in den gewachsenen Städten als auch in den geplanten gab es abgehend von diesen Hauptstraßen schmale Gassen, mitunter nur Pfade, die zu den Hinterhäusern führten. Wenn solche Gassen bis in unsere Zeit hinein erhalten sind, empfinden heutige Besucher diese meist als pittoreske Gebilde mit zahlreichen Winkeln. Im Mittelalter dagegen – und oft bis in die Neuzeit hinein – waren die Gassen unbefestigt, höchstens die Hauptverkehrswege versah man mit Holzbohlen oder einer Steinpflasterung. Abfälle und Kloaken der

Haushalte – einfach vor der Haustür entsorgt – trübten das Bild und stanken zum Himmel. Da auch die ärmeren Familien meist Vieh besaßen, das nicht in Ställen vor der Stadt, sondern in den Häusern untergebracht war, traf man Schweine, Ziegen, Gänse, Rindvieh oder zumindest auf deren Hinterlassenschaften in den Gassen. Besonders in Zeiten erhöhter Niederschläge waren die Bedingungen hier alles andere als idyllisch. Die Häuser waren im Allgemeinen mit dem Giebel zur Gasse hin gebaut. Eine ausgerichtete Linie bildeten sie wohl in den seltensten Fällen. Die Baustoffe waren zunächst Holz, Lehm und Stroh; die Brennbarkeit der Materialien und die enge Bebauung führte immer wieder zu verheerenden Brandkatastrophen. Nur offizielle Gebäude einer Stadt und zunehmend auch die Häuser der reicheren Bürger konnten aus Stein errichtet werden. Diese lagen dann allerdings auch nicht am Rande des ummauerten Stadtbezirks, sondern weiter im Inneren. Je näher man dem öffentlichen Zentrum, dem Marktplatz, kam, desto höher war auch der Wert der Grundstücke. Mit unbefestigten und finsteren Gassen musste man aber auch hier vielfach rechnen. Straßenbeleuchtung wurde erst in der Neuzeit üblich.

Öffentliche Gebäude gab es in jeder mittelalterlichen Stadt. Im frühen und hohen Mittelalter waren es zunächst die sakralen Bauwerke, die an Größe und künstlerischer Ausgestaltung herausragten. Es folgten im Hochmittelalter die Königspfalzen und Burgen, im Spätmittelalter rückten dann die bürgerlichen Bauten in den Vordergrund. Als Erstes wären hier die Rathäuser zu nennen, die – nachdem in früherer Zeit meist nicht besonders herausragende Häuser den noch rein administrativen Zweck erfüllten – mit dem Aufblühen der Stadt selbst entweder neu errichtet oder aber in repräsentativem Stil von der Bürgerschaft ausgebaut wurden. Oft war das Rathaus ein Multifunktionsbau. Der Ratssaal lag meist im ersten Stock, umgeben eventuell von kleineren Räumen, in denen

number of watch towers. City gates, on the other hand, were not so widespread. They were the connection to the outside world and, as it was important to control this connection, gates were frequently built on the main roads that led in to the city. In keeping with their official function, city gates were typically built in monumental proportions. Rooms, often built on the upper floors, had an administrative function. Occasionally, one would also find a chapel. Delegations were often sent to the gates on the occasion of official visits and it was here that reception and departure ceremonies were performed. It was also necessary for city gates to be well fortified and, in the case of emergencies, to be locked and adequately defended. Especially in Italian or southern French regions, nobles built their residences in, or connected to, the city gates simply as expression of their status. Normally, the city-land adjacent to the walls was less attractive. Traditionally, such areas were inhabited by the poorer members of the population, who built their dwellings for basic everyday living requirements and not for official and representative purposes. In such areas as these, especially in those areas of the city that were not built according to plan, the structures were constructed very close to one another and the alleyways were particularly dark. Only main roads were built wide enough for wagons and carts to pass by one another. In both the cities that grew over time as well as those that were built according to design, there were also narrow alleyways and paths that led to the backyards of houses. Today, tourists experience the remnants of these alleyways, with their numerous twists, as picturesque. During the medieval period, and even up until the modern one, these alleyways were unmade and only the main thoroughfares reinforced by timber boards or cobblestones. Domestic waste and sewage products – simply discharged in front of the house – marred the picture and stank to

high heaven. Since most poor families also possessed cattle, kept in their own dwellings rather than in sheds on the periphery of the city, one encountered pigs, goats, geese, cattle, or at least a reminder of their presence in the form of excrement. Especially in times of heavy rain or snow, living conditions were anything but ideal. The houses were generally built with the pediment extending into the alleyway and were seldom evenly aligned. Materials mainly comprised timber, lime and straw; the inflammable nature of these materials and the close proximity of the houses to one another led repeatedly to catastrophic fires. It was only the official buildings of a city and, increasingly, the homes of wealthy citizens that were built of stone. These buildings were situated around the centre rather than on the periphery of the walled-in city-borough. The closer one got to the city-centre proper – the marketplace – the more valuable was the land. Even here one was also frequently confronted with unmade and dark alleyways. Illuminated streets did not become common until the modern period.

Every medieval city had its public buildings. During the early and high medieval periods, it was initially the secular buildings that demonstrated artistic excellence. Royal palatinates and palaces followed in the high medieval period while in the later medieval period buildings of the new upper-class citizens and town administration were to become the focus of attention. The first to be mentioned in this connection are the city halls. In earlier periods, these mostly performed an administrative function and were consequently somewhat plain in design. As cities began to flourish, their city halls were, in turn, either restructured or developed according to the representative style of the upper-class citizens. Typically, the city hall would perform multifunctional tasks: The administrative section was commonly on the first floor and was often surrounded by smaller rooms in which clerks and notaries carried out their daily business. Each city hall had a special chamber or archive in which important documents were filed. In addition, the larger city-halls possessed a chapel. Every hall had a place from which it was possible to address the population gathered in the

market place. The hall itself would be tastefully decorated with carved wooden panelling and seating. Where a special hall was not deemed necessary for law courts, legal proceedings would likewise be conducted in the city hall, as is born witness to by the cabinets used for storing legal documents which have been found. The city halls on the ground floors were often centres of intense trading, whereas the cellars were often reserved for social events and the drinking of wine. The splendour of the city halls was intended be seen from the outside as well; thus even today it is possible to see the programmatic murals and depictions of rulers, which are testimony to the regional and supra-regional relations of the city. Also located in the city centre, and no less splendid than the city halls, were the buildings erected by the merchants and craftsmen guilds, often used as meeting places. These houses too, both in their location and in their architectural design, were consciously positioned and designed to conform to the existing organisation of the city.

In northern and central German cities one can also find Roland columns, symbolic of the self-confidence of the civilian population. Roland was a palatine of Charlemange. Charlemange was honoured as legislator and protector of law-and-order and many city privileges – some falsely – have been attributed to him. The sculptural representation of his revered follower became endowed with a symbolic power since Roland, Charlemange's second-in-command, was considered protector and executor of justice. A famous example is to be seen in the market place of the Hanseatic city of Bremen, situated directly in front of the city hall. Roland's gaze is directed at the dome (the church of the Episcopal ruler), his sword held high as a symbol of his protection of the city. That the symbolic force of this statue had an effect on the ruler is clear and can be seen by the fact that, as long as it was made of wood, it was

die Stadtschreiber und Notare ihren Geschäften nachgingen. Immer gab es eine besondere Kammer, in der die für die Stadt wichtigen Dokumente aufbewahrt wurden, das Archiv. Größere Rathäuser waren zusätzlich mit einer eigenen Kapelle ausgestattet. Immer zu finden war ein Platz, von dem aus zu der auf dem Marktplatz versammelten Bürgerschaft gesprochen werden konnte. Der Ratssaal selbst war mit kunstvoll geschnitzter Holzvertäfelung und Ratsgestühl prächtig ausgestaltet. War kein eigener Saal für Gerichtsverhandlungen vorgesehen, so fanden auch diese hier statt. Gelegentlich erhaltene Gerichtsschranken zeugen davon. Die ebenerdigen Rathaushallen waren oft Stätten regen Handels, während die Kellergeschosse in vielen Fällen der Geselligkeit und dem Ausschank von Weinen vorbehalten waren. Die Pracht der Rathäuser musste natürlich auch nach außen hin scheinen, und so lassen sich noch heute programmatische Bemalungen und Herrscherstandbilder betrachten, die von den regionalen und überregionalen Verbindungen der Stadt zeugen. Ebenfalls im Zentrum einer Stadt und meist nicht minder prächtig als die Rathäuser errichteten die Kaufleute oder die allmählich sich etablierenden Handwerkszünfte ihre Versammlungshäuser. Auch diese Häuser sind sowohl in der Auswahl des Platzes als auch in der architektonischen Gestaltung bewusst gesetzte Zeichen im Stadtgefüge.

In nord- und mitteldeutschen Städten findet man auch Rolandssäulen, die vom Selbstbewusstsein der Stadtbürger ihrem Landesherren gegenüber zeugen. Roland war ein Palatin Karls des Großen. Karl selbst wurde als Gesetzgeber und Schützer des Rechts verehrt, viele städtische Rechte und Privilegien – auch gefälschte – auf ihn zurückgeführt. Die plastische Abbildung seines heiligen Gefolgsmannes erlangte Symbolkraft, da er als rechter Arm, als Hüter und Vollführer der Gerechtsame Karls des Großen galt. Ein berühmtes Beispiel steht auf dem Marktplatz der Hansestadt Bremen, direkt vor der

repeatedly destroyed. The medieval stone-statue would only eventually capitulate to the environmental influences of the 20th century.

The public character of market places was also utilised for very different purposes. Pillories, a permanent feature of life in the medieval city, were always situated in places where the population could best observe the punishment of criminals – the disciplinary example was considered exemplary for the citizens. Legal execution during the medieval period was a public affair. The legal process, as well as the meteing out of punishments, took place before the inquisitive eyes of the public. Capital punishment was generally carried out outside the city walls. The last walk of a convicted person, especially in the more sensational cases, might assume something of the character of a procession. Atonement for one's sins was likewise a conspicuous aspect of the medieval system of justice. Thus, for example, a stone cross had to be erected at the place at which the act of sin took place for all to see. Such crosses may be seen in many areas even now.

Supplying the population with water was a daily necessity in the medieval city. Cities established along rivers were able to cover their needs at least to some degree. Other cities obtained their water supply by pumping for groundwater. Wells and water pipes of considerable length were known as early as the Roman period. The artistic use of water for fountains and artificial cascades was also a common feature of the Roman period. For the people of the early and high medieval periods, on the other hand, wells were primarily used for the supply of drinking water and other practical requirements of everyday life. The artistic design of wells in churches as well as in secular contexts became commonplace only later, during the high medieval period. The public well was an integral part of every medieval city. Private wells also existed. The public well, however, was of central significance. Every citizen had a right to use the well and the community was responsible for its maintenance. It was also common practice for cattle to drink from the wells which consequently led to sullied and impure water supplies. Market or city wells were always situated at the centre of the city.

Schauseite des Rathauses. Der Blick des Rolands ist zum Dom gerichtet, der Kirche des bischöflichen Landesherren, sein Schwert als Zeichen seines Schutzes über die Stadt gezogen. Dass die Symbolkraft dieser Statue ihre Wirkung auf den Landesherren durchaus nicht verfehlte, zeigt sich darin, dass sie immer wieder zerstört wurde, solange sie aus Holz hergestellt war. Aus Stein gefertigt, musste sich die mittelalterliche Statue erst den Umwelteinflüssen des 20. Jahrhunderts ergeben.

Die Öffentlichkeit von Marktplätzen wurde aber auch zu ganz anderen Maßnahmen genutzt. Pranger, im Leben einer mittelalterlichen Stadt kaum wegzudenken, gab es immer an Stellen, an denen die Bevölkerung die Delinquenten, die hier ihre Strafe abstehen mussten, auch möglichst penetrant betrachten konnte. Nur so konnte die gewünschte Wirkung auf die Disziplin der Stadtbewohner erzielt werden. Überhaupt war die Rechtspflege im Mittelalter eine öffentliche Angelegenheit. Die Verhandlungen wie auch die Vollstreckung der Strafen wurden vor einem neugierigen Publikum ausgeführt. Die Orte, an denen die Todesurteile vollstreckt wurden, lagen oftmals außerhalb der Mauern. Der letzte Gang eines Verurteilten konnte besonders in Aufsehen erregenden Fällen zu einer Art Prozession werden. Sühneleistungen waren ebenfalls ein augenfälliger Bestandteil des mittelalterlichen Rechtssystems. So mussten zum Beispiel steinerne Kreuze für jedermann sichtbar meist an der Stelle errichtet werden, an der die zu sühnende Tat stattgefunden hatte. Noch heute sind sie an vielen Orten auch auf dem Lande zu finden.

Die Versorgung der Bevölkerung mit Wasser war ein tägliches Muss in der mittelalterlichen Stadt. An Flüssen gelegene Städte konnten ihren Bedarf wenigstens zum Teil aus diesen decken. Andere Städte mussten für ihre Zwecke an die Wasservorräte des Bodens vordringen. Brunnen und Wasserleitungen recht beachtlicher Länge waren schon in den alten Römerstädten bekannt. Auch die künstlerische Verwendung des Wassers für Springbrunnen und Wasserspiele war den Römern nicht fremd. Die früh- und hochmittelalterlichen Siedlungen Europas hingegen kannten Brunnen primär zur Versorgung mit Nutz- und Trinkwasser. Die künstlerische Ausgestaltung von Brunnen sowohl im kirchlichen wie auch im weltlichen Bereich wurde erst im Hochmittelalter häufiger. Öffentliche Brunnen, die im Stadtbild des Mittelalters überall zu finden waren, gehörten zum Gemeindegut. Daneben gab es auch einige Privatbrunnen. Der öffentliche Brunnen hatte aber eine sehr zentrale Bedeutung. Jeder durfte ihn benutzen, und die Gemeinde musste ihn unterhalten. Vielfach wurde auch das Vieh einer Stadt an den öffentlichen Brunnen getränkt, was natürlich Verunreinigungen nach sich zog. Markt- oder Ratsbrunnen waren die am zentralsten gelegenen Brunnen. Oft waren es Orte, an denen private Rechtsgeschäfte abgeschlossen wurden, auch wurden hier öffentliche Bekanntmachungen erlassen, außerdem konnten Brunnen zugleich auch als Pranger dienen und waren zu diesem Zweck mit Halseisen ausgestattet. Sie konnten ebenso als Symbol städtischer Herrschaft verstanden werden wie anderenorts ein Roland. Daher hatte die künstlerische Ausgestaltung der Brunnen sehr oft programmatischen Charakter: Stadtwappen zierten sie, oder es wurden ganze Szenen aus der Lokalpolitik und der regionalen Geschichte figürlich dargestellt.

Nicht nur für die Bürgerschaft als Gemein-

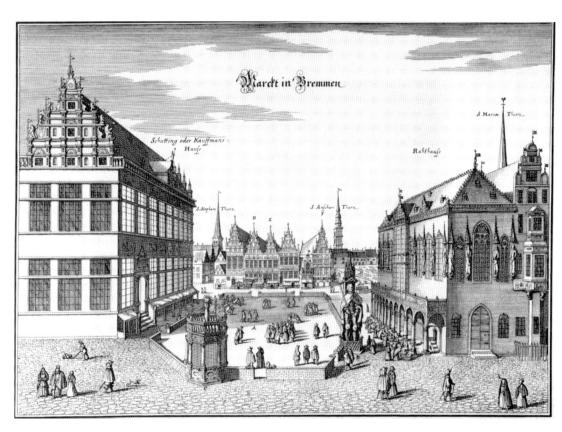

schaft war der Marktplatz ein Ort augenfälliger Präsenz. Auch der repräsentative Wert für Privatpersonen war offenbar. Wer hier sein Haus errichten konnte, zählte etwas in der Stadt. Je dichter ein Grundstück diesem Zentrum lag, umso größer war sein Wert. In Stralsund wurde das Rathaus am Alten Markt um 1370 mit prächtigem Blendgiebel zum Ausdruck des bürgerlichen Selbstbewusstseins gestaltet. Das griff der wohlhabende Ratsherr Wulflam auf und schmückte sein dem Rathaus direkt gegenüberliegendes Haus mit denselben Stilelementen im Giebelbereich aus: seinerseits die Präsentation seines Anspruchs auf politischen Einfluss, der die Jahrhunderte und seine tatsächliche Macht überdauerte. Dieses ist freilich kein Einzelfall. Überall findet man repräsentativ ausgestaltete Giebel mit derselben Funktion.

Ein völlig anderer »öffentlicher Ort« waren die schon erwähnten Kirchen einer Stadt. Nicht nur, dass sich hier regelmäßig die Gläubigen des Pfarrbezirks zur Feier des Gottesdienstes trafen; Kirchenräume wurden im Mittelalter auch für weltliche Zwecke genutzt. So versammelten sich zum Beispiel die Zünfte – zumindest, bis sie ein Zunfthaus ihr Eigen nennen konnten – zu ihren Besprechungen in Kirchen. Nicht selten fanden auch Verhandlungen verschiedenster Art in den Kirchen und auf Kirchhöfen statt, die Ortsangaben vieler Urkunden zeugen davon. Die Pfarrgemeinde traf sich außerhalb der Messen in ihrer Pfarrkirche zu politischen, teilweise sogar zu gerichtlichen Geschäften. Versammlungen größeren Ausmaßes konnten sonst nur unter freiem Himmel abgehalten werden, und der geschlossene Kirchenraum bot besonders bei schlechter Witterung demgegenüber Vorteile. Nicht nur dem tiefen

These were also the places where private legal business would be carried out and public announcements were made. Wells also functioned as pillories and were, consequently, equipped with neck braces. They could be symbols of city law just as a Roland was elsewhere. Thus, the artistic design of the well frequently had a programmatic character: they would be decorated with the coat-of-arms of the city or of depictions of historical scenes taken from local and regional politics.

For the citizens of a community the marketplace not only possessed a representative value. It also carried an obvious value for the private citizen. Whoever was able to build his house at or near to such a location automatically enjoyed a certain status in the city. The closer a piece of real estate was to the centre, the greater was its value. In Stralsund, the city hall located at the old market and built in about 1370 was replete with a splendid blind gable as testimony to citizens' self-assurance. This architectural feature was emulated by the wealthy city-councillor Wulflam, who decorated his house, situated directly opposite the city hall, with the same stylistic elements, an expression of the political influence he enjoyed and

which was to outlive both his actual influence and the succeeding centuries. This is not an isolated case – representatively decorated blind gables that fulfil the same function may be seen in many locations.

Another, and completely different, "public space" already mentioned was the city church. The parish religious community would not only meet for the purposes of worship; church facilities would also be used for more mundane ends. Thus, the guilds would also confer in the church – at least until such time as they built their own guild houses. It was not unusual for hearings of various kinds to take place in churches and church yards, as is documented in several deeds. In addition to mass, the parish community would convene in church to conduct political as well as legal business. Larger public meetings that could otherwise only be conducted in the open, could, especially in the case of bad weather, be conducted in the church. It was not only due to the deep religiosity of the medieval populace that parish churches, particularly in the fourteenth and fifteenth centuries, were to receive generous donations; the desire to enhance one's public image also played a role.

religiösen Empfinden des mittelalterlichen Menschen war es also zuzuschreiben, dass vor allem im 14. und 15. Jahrhundert so umfangreich an die Pfarrkirchen der Stadt gestiftet wurde, sondern eben auch dem Repräsentationswillen der Familien. Konnten es sich einige wenige besonders wohlhabende Familien in früheren Jahrhunderten sogar leisten, ein eigenes Kirchlein oder eine frei stehende Kapelle in der Stadt zu errichten, so wurden nun von den herrschenden Familien vor allem Altäre oder Kapellen innerhalb der Pfarrkirche gestiftet. Im mecklenburgischen Wismar beispielsweise wurde um 1380 mit dem Bau der Nicolaikirche als Pfarrkirche für den nördlichen Teil der Stadt begonnen. Man plante einen halbrunden Chor mit Kapellenkranz, und diese Kapellen wurden sogleich an die wohlhabenden Familien der Stadt verkauft. Auch Altäre mit künstlerisch wertvollem Aufsatz und Altargerät waren vor allem im 14. und 15. Jahrhundert sehr beliebte Stiftungsgegenstände. Wer nicht so umfangreiche Mittel zur Verfügung hatte, dem blieben auch andere, gut sichtbare fromme Stiftungen. Es boten sich unter Umständen Epitaphe oder Tafelbilder an. Hier konnte mitunter auch der Stolz auf die eigene Stadt augenfällig werden: Aus spätmittelalterlicher Zeit sind Altartafeln oder Andachtsbilder überliefert, die Szenen vor den Toren des Himmlischen Jerusalem darstellten, das deutliche Merkmale der eigenen Stadt aufwies. Das Spätmittelalter brachte mit einer Neuerung im Bauwesen noch eine weitere Repräsentationsmöglichkeit, die vor allem in den Kirchen genutzt wurde: die Fenster. Sobald Bleiverglasungen eingebaut werden konnten, wurden Fenster gestiftet und zur Identifikation mit dem eigenen Wappen versehen.

Es ließen sich noch einige weitere Möglichkeiten nennen, die der mittelalterliche Stadtbewohner mit Repräsentationswillen im öffentlichen Raum ergreifen konnte. Die angeführten Beispiele sollen hier jedoch ausreichen. Deutlich geworden ist, dass die Gestaltungsmöglichkeit in den mittelalterlichen Städten zunächst von dem jeweiligen Landesfürsten abhing, mit zunehmendem Selbstbewusstsein der Städte dann von der Gemeinschaft der Bürger, und erst ab einem relativ späten Zeitpunkt von einzelnen bürgerlichen Persönlichkeiten. Mit der Renaissance besann man sich wieder auf Werte der Antike, in der die geometrische Gestaltung des Stadtgrundrisses bereits eine Blüte erfahren hatte. Das Stadtbild wurde wieder mehr in seiner Gesamtheit und zunehmend als Gesamtkunstwerk betrachtet. Die achsiale Ausrichtung von Straßen, Plätzen und Gebäuden setzte sich immer mehr durch. Vor allem in Italien wurden nun kleinere Städte nach den neuen künstlerischen Ansprüchen umgestaltet. Die Vorstellung vom öffentlichen Raum in seiner Ausgestaltung änderte sich.

Die mittelalterliche Stadt hingegen war weniger ein »Gesamtwerk« als vielmehr ein durch seine einzelnen Segmente gestaltetes Gebilde. Auch der mittelalterliche Mensch versuchte, mit den ihm gegebenen Möglichkeiten und Voraussetzungen seine Vorstellungen und Ideale umzusetzen. Im Zweifelsfall nahm er dabei keine Rücksicht auf die ihm überbrachten kulturellen Reste vergangener Zeiten. Den öffentlichen Raum gestalten konnte immer derjenige, der sowohl die Macht als auch das Geld dazu hatte. Daran hat sich im Prinzip wenig geändert. Der Gemeinschaftssinn der mittelalterlichen Stadtbevölkerung war da zunächst einmal ausschlaggebend. Mit dem Aufstieg einzelner

While only a few, especially wealthy families in these early centuries could afford to construct their own small church or chapel in the city, altars or chapels might be built by the less affluent within the parish church itself. In Wismar, Mecklenburg, for example, construction of the Nicolai church as parish church for the northern part of the city commenced in 1380. A semi-circular chancel with a chapel ring was designed and these chapels would then be sold to the well-to-do families of the city. Altars with valuable artistic detail were very popular objects of donation, especially in the fourteenth and fifteenth centuries. For those unable to afford such objects, other types of pious donations remained. These might take the form of epitaphs or panels. Here, the pride citizens took in their own cities was conspicuous as is evidenced by altar panels dating from the later medieval period or by devotional motifs depicting scenes in front of the doors of heavenly Jerusalem, which make obvious characteristic references to the donor's city. Besides new architectural innovations, the latter medieval period brought with it another representative possibility, one that was used especially in churches – the window. When leaded stained glass windows came into use, they would be donated and were often decorated with the coats of arms of the respective donators.

Numerous other examples of representative intentions within the public sphere could be also be included here but, for the sake of brevity, we will restrict ourselves to those mentioned in the above. What is clear is that the possibilities of design in the medieval city initially depended on the respective regional rulers, and then, due to the increasing self-confidence of the city, on the community of citizens, and only at a relatively late period on single individuals. The Renaissance saw a return to the values of classical antiquity which can be observed in the geometrical form of the

Stralsund
Blick auf den Alten
Markt. Im Vorder-
grund die Rückseite
der Blendfassade
des Rathauses aus
dem Jahr 1370,
direkt gegenüber
das Wulflam-Haus.

Stralsund
View of the old
market. In the fore-
ground the rear side
of the dead facade
of the city hall from
the year 1370,
directly opposite the
Wulflam-house

Familien konnten dann auch private Anliegen verfolgt werden. Doch bei weitem nicht alle Bewohner des mittelalterlichen Stadtgefüges konnten sich nach ihren Vorstellungen daran beteiligen, bestimmte Gruppen blieben strikt ausgegrenzt: Denken wir hier nur an Kranke, die häufig vor der Stadt in Hospitälern weggesperrt wurden, oder auch an die Juden, die in bestimmten abgegrenzten Bezirken einer Stadt leben mussten. Auch an den unbeschreiblichen Dreck auf den Gassen, den Gestank, den Mangel an Hygiene, die in den engen Wohnvierteln herrschen mussten, an die Dunkelheit in den engen Gassen und auf den kleinen Plätzen sollten wir denken, wenn wir heute die schön renovierten oder nach Zerstörungen wieder aufgebauten idyllischen Winkel besuchen.

city foundation. The ur-ban features were once again and increasingly viewed as an artistic totality. The axial organisation of streets, squares and buildings became increasingly dominant. It was notably small Italian cities that were built according to this principle. The conception of public space underwent a transformation.

By contrast, the medieval period was less "artistic totality" than an eclectic composition of individual segments. The medieval individual as well sought to realise his ideals with the resources and conditions available to him. When in doubt, he would not hesitate to ignore the legacy of previous epochs. The public space would be constructed according to the interests of whoever possessed the financial resources needed to undertake such construction. In principle, not much has changed. The sense of community among the medieval populace was, initially, a decisive factor. With the increase of power of certain families, private interests could later also be realised. Yet, the majority of the inhabitants of the medieval city were precluded from participating in the design and the form of their environment and, indeed, some were strictly prohibited from participating in this. Here the sick who would be frequently confined to hospital on the outskirts of town and also the Jews who were compelled to live in specially allocated districts of the city come to mind. However, as we view the beautifully renovated and reconstructed buildings of this period, we ought not to forget the indescribable filth in the alleys, the stench and lack of hygiene that must have dominated the narrow and compact residential areas, the darkness of the narrow alleyways, streets and small squares.

Literatur / Bibliography

Leonardo Benevolo, *Die Stadt in der europäischen Geschichte*, München / Munich 1999

Karl Czok, *Die Stadt. Ihre Stellung in der deutschen Geschichte*, Leipzig et al. 1969

Edith Ennen, *Die europäische Stadt des Mittelalters*, Göttingen 1972

Herbert Ewe, *Stralsund*, Rostock 1987

Institut für Denkmalpflege (Hrsg./ Ed.), *Die Bau- und Kunstdenkmale in der DDR. Mecklenburgische Küstenregion*, Berlin 1990

Spiro Kostof, *The City Assembled*, London 1992 (*Die Anatomie der Stadt. Geschichte städtischer Strukturen*, Frankfurt/Main und / and New York 1993)

Jacques Le Goff, *Die Liebe zur Stadt. Eine Erkundung vom Mittelalter bis zur Jahrtausendwende*, Frankfurt/Main und / and New York 1998

Heinrich Pleticha, *Bürger, Bauer, Bettelmann. Stadt und Land im späten Mittelalter*, Würzburg 1976

Wolfgang Rauda, *Die historische Stadt im Spiegel städtebaulicher Raumkulturen*. Hannover/Hanover et al. 1969

Fritz Rörig, *Die europäische Stadt und die Kultur des Bürgertums im Mittelalter*, hrsg. von / ed. by Luise Rörig, Göttingen 1955

Traumatische, träumerische Stadt

Klaus Töpfer

Dieses Jahrhundert wird wie kein anderes das Jahrhundert der Stadt sein. Die Verstädterung steigt weltweit in atemberaubender Geschwindigkeit an. Von den jährlich 80 Millionen zusätzlichen Erdenbürgern werden fast 60 Millionen in Städten leben. Die Zuwachsrate in den Städten ist somit erstmals doppelt so hoch wie in ländlichen Gebieten. 90 Prozent des Zuwachses findet in Entwicklungsländern statt. Besonders dramatisch ist die Entwicklung in Afrika, das derzeit die größte Verstädterungswelle erlebt.

Die ausufernden, krebsartig wuchernden Mega-Cities in den Entwicklungsländern stellen uns vor neue Herausforderungen. Es besteht die Gefahr, dass Städte durch soziale Segregation und Ausgrenzung zu *divided cities*, zu geteilten Städten werden. Die Folgen sind wirtschaftliche Instabilität, Kriminalität und Fundamentalismus, ökologische Erschöpfungserscheinungen bei Luft, Wasser und Böden, Gefahren für die Gesundheit und wachsende Abfallberge. Viele Städte können ihrer Bevölkerung schon jetzt nicht mehr die grundlegende Energie- und Wasserversorgung zur Verfügung stellen oder eine ausreichende, umweltverträgliche Abfallentsorgung gewährleisten. Sicherheit wird zunehmend zu einem privaten Gut – in den Ghettos der Reichen sorgen private Sicherheitsdienste für den Schutz vor Überfällen.

Dennoch wissen wir, dass nur die Entwicklungsvorteile der Stadt die Bedingungen für nachhaltige Entwicklung, für wirtschaftliche Stabilität, soziale Mobilität und ökologische Vorsorge bieten können. Der ländliche Raum kann heute nicht mehr das Überleben so vieler Menschen sichern, wie es die Stadt vermag. Der so genannte informelle Sektor, also die massenhafte ungeregelte Beschäftigung ohne Arbeitsverträge, der vor allem aus der Not heraus in den Städten der Entwicklungsländer entstanden ist, hat sich zu einem florierenden Wirtschaftszweig entwickelt, der vielen Menschen ein Einkommen ermöglicht.

Wie keine andere Siedlungsform kann die Stadt die ökologischen Voraussetzungen der Dichte, der gemeinsamen Nutzung von Infrastruktur, also eine hohe *ökologische Effizienz* bieten. Unsere Anstrengungen müssen verstärkt darauf abzielen, die *ökologischen Fußabdrücke* der Stadt im ländlichen Raum zu verringern. Mülldeponien, verödete Landstriche, die durch die Versorgung der Stadt mit Wasser und Nahrungsmitteln entstehen, und durch Industrieabfälle kontaminierte Flüsse sollten das Umland nicht mehr als traurige Vorboten der städtischen Agglomerationen belasten. Kreisläufe wie etwa im Abfall- und Abwasserbereich müssen in die Stadt zurückgeholt werden, Städte müssen Teil der Lösungsansätze für die Raumplanung werden. Denn Stadt und Land sind einander ergänzende Faktoren bei der Lösung der Siedlungs- und Entwicklungsprobleme.

Gerade in Zeiten der Globalisierung muss die Stadt mehr denn je ein Gegenpol der Identität, eine Identifikationsmöglichkeit des Einzelnen mit seiner Umgebung sein. Globalisierung darf nicht mit Uniformisierung verwechselt werden. Gerade die Städte müssen deshalb ihre Unverwechselbarkeit gestalten und entwickeln. Kultur muss Identität vermitteln, denn mit dem Verlust an kultureller Identität geht auch die Vielfalt in anderen Lebensbereichen verloren. Das United Nations Environment Programme (UNEP) hat kürzlich die Studie *Cultural and Spiritual Values of Biodiversity* vorgestellt, die sehr eindeutig die Wechselbeziehung zwischen verschiedenen Erscheinungsformen von Vielfalt belegt: Die Vielfalt der Natur, der Kulturen, der Sprachen und Dialekte, bis hin zur Struktur unserer Siedlungen, der Städte und der Architektur.

Vor diesem Hintergrund ist es von herausragender Bedeutung, das in den Städten über Jahrhunderte gewachsene Verständnis der Gesellschaft, das sich in den Gebäuden niedergeschlagen hat, zu erhalten. Wir müssen uns auch in der Architektur unserer Städte von der Wegwerfmentalität verabschieden. Gewachsene Strukturen erhalten, langfristig planen, den Kreislaufgedanken durch das Recycling alter Gebäude auch in die Stadtentwicklung hineintragen, dies sind einige Aufgaben, denen wir uns stellen müssen, um die Stadt lebensfähig und lebenswert zu machen. Zu Recht ist gefordert worden, man brauche den städtischen Magier mehr als den rationalistischen Planer – keine traumatisierte Stadt also, wohl aber etwas mehr Träumerisches in der Stadt. Nicht jede Baulücke, die heute entsteht, muss morgen bereits zugebaut werden. Die Herausforderung besteht darin, Freiräume zu schaffen, in die die Stadt hineinwachsen kann, städtische Funktionen wieder aufeinander zu beziehen, um eine produktive Konzentration zu ermöglichen, in der ein Austausch zwischen Gesellschaftsgruppen stattfinden kann. In der Fühlungsdichte der Stadt liegt somit die Hoffnung auf eine neue soziale, wirtschaftliche und ökologische Dynamik, die es zu nutzen gilt.

Cities –
Eco-nightmare
or Models
for Green Living?

Klaus Töpfer

This century will be the century of cities. Urbanisation is increasing world-wide at a staggering rate. Of the 80 million additional people born this year, almost 60 million will live in cities. As a consequence, the growth rate in cities is, for the first time, twice as high as that in rural areas. Ninety per cent of growth is taking place in developing countries. This development is especially dramatic in Africa, which is currently experiencing the largest wave of urbanisation.

The sprawling mega-cities, growing like cancers in developing countries, present new challenges. There is a danger that cities will become divided through social segregation and exclusionary policies, the consequences of which are: economic instability; crime and fundamentalism; the ecological depletion of air, water, and soil; health hazards; and growing mountains of refuse. Many cities are already unable to provide their residents with basic power and water supplies, or adequate, sustainable waste-disposal systems. Security is increasingly becoming a private commodity with private security services shielding the residential areas of the rich against crime.

However, the physical and social make-up of a city provides the conditions needed for sustainable change, economic stability, social mobility and ecological planning. Today, the countryside cannot support as many people as can cities. The so-called informal sector, including unregulated and fluid non-contractual employment arrangements, whose origins arise from the urban poverty of developing countries, has evolved into a booming branch of most economies, providing incomes for many people.

The human density of cities, and the sharing of infrastructure can lead to a high level of *economic efficiency*. However, we should focus our endeavours to reduce the *ecological footprints* of cities on rural areas. Degraded landscapes, unsightly rubbish dumps, rivers contaminated with industrial waste and over-exploitation of soil and water resources should not burden the surrounding countryside as the sad forerunners for urban agglomeration. Waste disposal and sewage have to become the responsibility of cities. Urban and rural planning should be mutually supportive in solving settlement and development problems.

In this era of globalisation, the city has to be, more than ever, a place where individuals can identify with their surroundings. Globalisation should not be confused with uniformity. Cities must shape and develop their uniqueness. Culture has to convey identity, because the loss of cultural identity causes a loss of diversity. The United Nations Environment Programme (UNEP) recently published a study entitled *Cultural and Spiritual Values of Biodiversity*, which clearly documents the interrelationship between different species on the planet and the abundant variety of nature, cultures, languages and dialects, as well as the diversity in architecture, settlements, and cities.

Seen from this perspective, it is of vital importance that the knowledge and understanding that societies have gathered over the centuries, and which is manifested in their buildings, has to be sustained. We also have to say good-bye to our short-sighted throw-away mentality in terms of the architecture of our cities. We should preserve existing structures, plan long-term, and think about the "recycling" of old buildings in future city development. These are some tasks that we have

to set for ourselves in order to make cities viable and worth living in. It has been correctly claimed that an urban magician would be of more use than a unimaginative city planner; not every plot of ground that becomes vacant today has to be built on tomorrow. The challenge is to create free space into which the city can grow; to match urban functions so as to make productive concentration possible, where communication between the various groups that make up a society can take place. The intensity of human interaction, which cities offer, can give hope for new social, economic and environmental dynamics and we should not let this opportunity pass us by.

Die Wiedergewinnung der städtischen Freiräume. Fallbeispiel Lyon

Sebastian Redecke

Lyon war die Stadt der Seiden-Industrie. In den engen Gassen des an einem Hang liegenden Stadtteils Croix-Rousse standen noch im 19. Jahrhundert dicht an dicht die Webstühle. Hier musste unter oft unzumutbaren Bedingungen gearbeitet werden. Das alte Stadtviertel ist geprägt von den *traboules*, dunklen und engen Korridoren, die hinter Torbögen durch die Wohnhäuser führen. Das Gängenetz bildet ein verwirrendes Labyrinth, das bei Dunkelheit etwas Unheimliches, wenn nicht gar Magisches bekommt. Das Quartier mit ganz eigenem Charakter und großer Geschichte der Arbeiterbewegung steht heute in weiten Teilen unter Denkmalschutz.

Stadtbildprägend für die Mitte der Stadt Lyon sind jedoch zunächst die Flüsse Rhône und Saône und eine durch sie gebildete, in weiten Teilen bebaute Halbinsel. Croix-Rousse grenzt im Norden unmittelbar an diese langgezogene Halbinsel.

Das dortige Stadtzentrum, insbesondere die Plätze und die Boulevards aus dem 18. und 19. Jahrhundert, wurden Anfang der neunziger Jahre im Rahmen der »Mission Presqu'Ile« grundlegend neu gestaltet. Das Programm für diese Maßnahme hatte sich an dem Anspruch gemessen, die Stadt in ihrer Attraktivität und in Rücksichtnahme auf morphologische und architektonische Eigenheiten neu zu entwickeln.

Noch in den achtziger Jahren war das Bild von Lyon eher abweisend. Für Fremde galt die Stadt trotz der weltberühmten Küche als unattraktiv. Das Zentrum war hoffnungslos zugeparkt. Investiert wurde damals in eine neue, östlich der Rhône gelegene Bürostadt. Das unübersehbare Zeichen aus dieser Zeit ist das Hochhaus »le Crayon« der Crédit Lyonnais mit kegelförmigem Abschluss.

Entscheidend für das neue Aktionsprogramm, mit dem dieses ungastliche Image der Stadt geändert werden sollte, waren zunächst die politischen Voraussetzungen. 1989 erhielt die mit 1,2 Millionen Einwohnern zweitgrößte Stadt Frankreichs eine neu gewählte Stadtverwaltung mit dem Bürgermeister Michel Noir an der Spitze. Hauptsächlich unter der Führung von Henry Chabert, zuständig für die Stadtentwicklung, und seinem Berater Jean-Pierre Charbonneau wurde das Programm in die Wege geleitet.

Lyon zeigt, dass am Anfang von grundlegenden Erneuerungen engagierte Personen stehen müssen, die sich von ihren neuen Konzepten nicht abbringen lassen. Wenn zudem die politischen Konstellationen günstig sind, können wichtige Veränderungen im Apparat einer Stadtverwaltung vorangebracht und auch durchgesetzt werden.

Dabei ging es in erster Linie um ein neues Management der städtischen Planungsbehörden. Es war dann fundamental, dafür zu sorgen, dass die Gestaltung eines Platzes, eines Boulevards, der Bepflanzung, einer neuen Grünzone, eines Beleuchtungssystems als Einheit begriffen, an einer Stelle entschieden und als Planung gemeinsam abgewickelt wurden. Nur so waren die Voraussetzungen geschaffen, qualitativ gute Lösungen von eigenständiger Identität in allen Teilen des Programms zu erreichen und sie später ein-

Reclamation of Urban Public Space. A Case Study of Lyon

Sebastian Redecke

Lyon was one of the main centres of the silk industry. Until the nineteenth century, looms stood closely together in the narrow alleys of the Croix-Rousse district, located on a hill. The work done there was done under often unacceptable conditions. The old-city district is characterised by the *traboules* – dark and narrow corridors that lead behind archways through the residences. The network of corridors creates a confusing labyrinth that has a somewhat unusual, if not magical, quality in the dark. The district, which has a very special character and played an important part in the history of the workers movement, is today protected by a preservation order.

The character of the centre of Lyon is heavily influenced by the Rhône and Saône rivers and the peninsula built-up in many areas that they create. Croix-Rousse borders directly on the north side of this long peninsula.

The city centre, and particularly the squares and boulevards that date back to the 18th and 19th centuries, were completely renovated in the early nineties under the "Mission Presqu'Ile" programme. This programme had taken as its goal the restoration of the city's former beauty, with morphological and architectural characteristics to be taken into account.

The image of Lyon was, up until the nineties, somewhat repellent. In spite of its world-famous cuisine, the city was considered unattractive. The centre was hopelessly overparked. At that time, money was funnelled into a new office district east of the Rhône. "Le Crayon", the Credit Lyonnais high rise, with its conical peak, remains the prominent symbol from this period.

It was the political constellation that was initially decisive in creating the new programme of action intended to alter this inhospitable image. In 1989, the second-largest city in France was given a newly elected government led by Mayor Michel Noir. The programme was primarily developed under the leadership of Henry Chabert, responsible for city development, and his advisor Jean-Pierre Charbonneau.

The example of Lyon demonstrates that committed people, who are not to be deterred from implementing their ideas and new concepts, should be involved in a radical restoration programme from the outset. If the political constellation is favourable, important changes can be conceived and implemented by governmental organisations.

New planning authority management was, first and foremost, essential. Then, it was crucially important to make certain that the design of a square, a boulevard, the landscaping of a new green area or the planning of a lighting system would be conceived as an entity, with responsibility for decisions made by a single department using one plan. Only in this fashion could the requirements be created that would lead to unique and worthwhile solutions for all parts of the programme and that could be later administered and supervised. This centrally organised concept made it possible that the planning could be implemented relatively quickly and at a comparatively reasonable price.

Another important fundamental of this project was its inclusion in an extensive restoration project for the city, including the areas of city centre residence, extension of the public transportation system and renovation infrastructure. Traffic was redirected to streets on the banks of the Rhône and Saône. Very few streets remain that cut straight across the peninsula. The construction of underground car-parks for more than 3,000 vehicles then followed. A new shuttle bus was developed for the peninsula. It was only following this that the actual restoration of the created public space could be begun.

Mayor Michel Noir had to resign in 1995 due to the fraudulent dealings of his son-in-law Pierre Botton. He was replaced by the former Prime Minister Raymond Barre. This change in city leadership had no repercussions for Head Planner Chabert and Charbonneau. The programme for the peninsula, a large part of which had already been carried out or was under construction, experienced no substantial change.

After the first redesign, the population began to become aware that the image of the city was being changed. Countless exhibitions, where separate projects were presented and discussed, ensured this. It was primarily the younger residents who perceived the changes as positive. They thought that it was time for the commercial centre of Lyon to distance itself from the image of a conservative, sedate city, captive of old traditions.

Parallel to the city centre programme, it was important, above all for the youth, that a further project for new sports facilities and public spaces be started on the outskirts of Greater Lyon, where the high unemployment rate was accompanied by serious social problems. The point here was to induce step-by-step improvements in parts of the modern city and its high rises, that were still unfinished and not even properly thought through. The depressing satellite cities arose within just a few years, when immigrants from Maghreb arrived by the thousands in the then economically booming region. Large integration problems have persisted ever since. Major unrest in the suburbs of Vaulx-en-Velin and Minguettes made the headlines at the end of the eighties and the beginning of the nineties. This caused discussion on the lifestyle and conditions in these suburbs all over France. The explosiveness of the situation explains a measure the city undertook in 1994, when ten fifteen-storey high rises, which were praised in the sixties for their modernity, were demolished. These high rises had become centres of massive

fach zu verwalten und pflegen zu können. Dieses zentral organisierte Konzept ermöglichte zudem, dass die Planungen relativ schnell und vergleichsweise kostengünstig umgesetzt werden konnten.

Eine weitere wichtige Grundlage des Programms war seine Einbettung in ein umfangreiches Erneuerungsprojekt der Stadt, das in einzelnen Schritten die Themenbereiche Wohnen im Zentrum, Ausbau des öffentlichen Personennahverkehrs und Erneuerung der Infrastruktur umfasste. Der Verkehr wurde verstärkt auf die Uferstraßen an der Rhône und Saône verlegt. Nur wenige Querdurchfahrten der Halbinsel blieben bestehen. Dann folgte der Bau von Tiefgaragen für mehr als 3 000 Autos. Es entstand zudem ein neuer Bus-Shuttle für die Halbinsel. Erst danach konnte mit der konkreten Erneuerung der frei gewordenen öffentlichen Stadträume begonnen werden.

1995 musste Bürgermeister Michel Noir wegen betrügerischer Machenschaften seines Schwiegersohns Pierre Botton zurücktreten und wurde durch den früheren Premierminister Raymond Barre ersetzt. Für die Chefplaner Chabert und Charbonneau blieb dieser Wechsel an der Spitze der Stadtregierung aber ohne Auswirkung. Das Programm für die Halbinsel, von dem bereits ein Großteil ausgeführt oder in Bau war, erfuhr in seinen wesentlichen Teilen keine Veränderungen.

In der Bevölkerung wurde nach den ersten Umgestaltungen immer mehr das Bewusstsein geweckt, dass das Image der Stadt zu ändern ist. Hierfür sorgten auch zahlreiche Ausstellungen, bei denen die einzelnen Projekte vorgestellt und diskutiert wurden. Vor allem die jüngeren Bewohner sahen die Veränderungen positiv. Für sie war es an der Zeit, dass sich die Handelsstadt Lyon von dem Bild eines konservativen, behäbigen Lebens, das festen Traditionen verhaftet ist, löste.

Gerade im Hinblick auf die jungen Menschen war es von Bedeutung, dass, parallel zum Innenstadt-Programm in der Peripherie, den Vorstädten von Grand Lyon, wo die hohe

Lyon,
Place Bellecour

criminality. The city fathers could not cope with it and used their last resort.

Back to the fashionable city centre: the size and artistic quality of the renovation of public space is, up to now, not comparable to any other European city, with the exception of Barcelona. Lyon is pioneering a new way of perceiving inner-city public space, one which has unexpectedly come to be regarded, even at the international level, as a paradigm. The close cooperation between city administrators and the planners responsible for local public transport led to close teamwork between open-air and underground car park planners, artists as well as architects. A basic plan with a simple conceptual approach was developed and implemented for every public square.

In addition to the renovation of public spaces, a greenery plan was developed for the riverbanks and individual city districts, as well as a "lighting plan." This plan concerned the effective, sometimes colourful, illumination of important buildings, such as the opera house designed by Jean Nouvel, but also monuments and numerous bridges.

The most important square on the peninsula, next to the large and famous Bellecour square with its statue of Louis XIV, is the almost rectangular Place de Terreaux. The lines of the square are formed by

Arbeitslosenquote gravierende soziale Probleme nach sich zog, mit neuen Sporteinrichtungen und Freiraumgestaltungen ein weiteres Projekt gestartet wurde. Hier ging es darum, zumindest in Teilen der nicht fertig gestellten und noch nicht einmal zu Ende gedachten Stadt der Moderne mit ihren Wohnsilos schrittweise Verbesserungen herbeizuführen. Die trostlosen Trabantenstädte waren innerhalb von wenigen Jahren entstanden, als Einwanderer aus dem Maghreb zu Tausenden in die damals wirtschaftlich blühende Region kamen. Bis heute sind große Integrationsprobleme bestehen geblieben. Ende der achtziger und zu Beginn der neunziger Jahre haben schwere Unruhen in den Vororten Vaulx-en-Velin und Minguettes Schlagzeilen gemacht. Sie lösten in ganz Frankreich Diskussionen über das Leben und die Zustände in diesen Vorstädten aus. Die Brisanz der Lage verdeutlicht eine Aktion der Stadt im Jahr 1994, bei der zehn 15-geschossige Mietshäuser gesprengt wurden, die in den sechziger Jahren noch für ihre Fortschrittlichkeit gelobt wurden. Die Blocks waren ein Ort massiver Kriminalität geworden. Die Stadt kam damit nicht mehr zurecht und griff zum letzten Mittel.

Zurück ins mondäne Stadtzentrum: Das Ausmaß und die gestalterische Qualität der Umplanung der Freiräume ist bisher in dieser Konsequenz wohl – mit Ausnahme von Barcelona – mit keiner anderen europäischen Stadt vergleichbar. Lyon zeigt damit einen neuen Weg auf, wie innerstädtische Freiräume gesehen werden können, und ist damit unerwartet auch international zu einem viel beachteten Lehrbeispiel geworden. Durch die Partnerschaft der städtischen Baubehörden mit den Planern des öffentlichen Nahverkehrs gelang hier eine enge Teamarbeit von Freiflächen- und Tiefgaragenplanern, Künstlern sowie Architekten. Für jeden Platz wurde ein grundlegend anderes, im Ansatz einfaches Konzept entwickelt und umgesetzt.

Neben der Neugestaltung der öffentlichen Räume wurde ein Begrünungsplan entlang der Flüsse und in einzelnen Stadtquartieren, sowie ein »Lichtplan« erarbeitet. Bei diesem Plan handelt es sich um eine effektvolle, teilweise farbige Illuminierung wichtiger Bauten wie dem neuen Opernhaus von Jean Nouvel, aber auch von Denkmälern und zahlreichen Brücken.

Der bedeutendste Platz der Halbinsel ist – neben der berühmten Platzanlage Bellecour mit dem Reiterstandbild Ludwigs XIV. – die nahezu rechteckige Place des Terreaux. Die Fronten des Platzes bilden das alte Rathaus, die Galerie des Terreaux mit einer Ladenpassage und das Kunstmuseum Palais Saint-Pierre. Hinter der vierten Seite des Platzes mit durchgängiger Häuserfront beginnt das anfangs erwähnte, dicht bebaute Quartier Croix-Rousse. Der Platz bildet damit das nördliche Entree des eigentlichen Stadtzentrums auf der Halbinsel. Bei der zuvor als Parkplatz genutzten Fläche entschieden sich die Künstler Daniel Buren und Christian Drevet, den Platz mit einem quadratischen Raster zu überziehen. Die Bänder wurden aus weißen und schwarzen Granitplatten gestaltet. In der Mitte der 69 Rasterfelder befinden sich im Fußgängerbereich leicht abgesenkte quadratische Aussparungen, die eine hauchdünne Wasserfläche füllen. Daniel Buren bezeichnet sie als Wasserspiegel. Der Passant kann in sie hineintreten, ohne nasse Füße zu bekommen. Die Mitte der einzelnen Flächen bilden kleine Fontänen, die, bei Dunkelheit angestrahlt, ein Rasterfeld von Lichtpunkten ergeben. Im Norden endet das Raster mit einer Reihe steinerner Pfähle vor der Häuserzeile. Auf weitere Installationen wurde verzichtet. Ein zuvor mittig stehender Brunnen wurde von den Planern ebenfalls an die Nordseite versetzt und das umgebende Bassin tiefer gelegt. Die vier sich aufbäumenden Pferde der Quadriga, die ganz offensichtlich nach römischen Vorbildern aus dem Barock geschaffen wurden, scheinen jetzt vom höher liegenden Croix-Rousse auf den Platz stürmen zu wollen. Bei der Tiefgarage verbergen sich die Ein- und Ausfahrten in den Seitenstraßen. Der Zugang wurde versteckt in das Palais Saint-Pierre integriert. Für die Gestaltung der Tiefgarage war der Künstler Matt Mullican ver-

Lyon,
Place des Terreaux

the old city hall, the Gallerie des Terreaux with a shopping mall, and the Palais Saint-Pierre art museum. Behind the fourth side of the square with continuous building facades there begins the already mentioned, heavily built-up Croix-Rousse. The square forms the northernmost section of the actual city centre on the peninsula. The artists Daniel Buren and Christian Drevet decided to cover the square, where cars used to park, with a pattern. Stripes were formed out of white and black granite tiles. There is a square shaped, sunken recess in the middle of the 69 tiles, near the pedestrian area, which is filled with a shallow skin of water. Daniel Buren describes it as a water mirror. A passer-by can walk in it without getting his feet wet. There are little jets of water in the middle of each tile, that when lit up at night, create a pattern of points of light. The pattern ends on the north side with a line of stone posts in front of a row of houses. Further additions have been avoided. A fountain that once stood in the middle was moved by the planners to the northern end, and the surrounding pool was made deeper. The square's four rearing horses, which were obviously created during the Baroque period using Roman examples, seem to now want to storm the square from the more elevated Croix-Rousse. The entrances and exits for the underground car-park are hidden in side streets. The entrance was invisibly integrated into the Palais Saint-Pierre. The artist Matt Mullican was responsible for the designing of the underground car-park. In a brand-new approach, signs, lights, almost all details were newly conceived, so that the car park could be designed as an integral part of the city. It belongs, as do almost all of the city underground car-parks in the centre, to the Lyon Parc Auto Corporation, the majority of which belongs to the state.

The new Place des Terreaux was nevertheless controversial for the Lyon population. The rigid pattern arrangement with the surface of water, along with the moving of the fountain, were disliked by many of the residents. The "puddles" would constantly have to be cleaned.

The considerably smaller Place des Célestins makes up the forecourt of the Théâtre des Célestins. The three remaining walls are simple, uniformly designed house fronts. A 60 by 60 metre large wooden platform was built here, raised above street level. This "open stage" is surrounded by a border of rhododendrons, magnolias, and azaleas. There is a periscope in the middle of the square. At first it is assumed that this is a telescope, used perhaps to view some tourist attraction, or at any rate something extraordinary. However, it cannot be turned; it is pointed at the

Lyon,
Place des Célestins

antwortlich. Hinweisschilder, Beleuchtung, nahezu sämtliche Details wurden neu konzipiert, die Tiefgarage damit als integraler Bestandteil der Stadt begriffen – ein völlig neuer Ansatz. Sie gehört wie fast alle unterirdischen Parkflächen der Stadt im Zentrum der Aktiengesellschaft Lyon Parc Auto, die sich mehrheitlich in öffentlicher Hand befindet.

Die neue Place des Terreaux bleibt bei der Lyoner Bevölkerung dennoch umstritten. Neben der Versetzung des Brunnens stieß bei den Anwohnern besonders die rigide Rastergliederung mit den Wasserflächen auf wenig Gegenliebe. Die »Pfützen« seien ständig zu reinigen.

Die erheblich kleinere Place des Célestins bildet den Vorbereich des Théâtre des Célestins. Die drei übrigen Platzwände bestehen aus einfachen, einheitlich gestalteten Häuserfronten. Entstanden ist hier eine 60 mal 60 Meter große, gegenüber dem Straßenniveau erhöhte hölzerne Plattform. Diese »offene Bühne« umgibt einen mit Rhododendron, Magnolien und Azaleen bepflanzten Rah-

men. Auf der Mitte des Platzes steht ein Periskop. Zunächst ist zu vermuten, dass mit dem Fernrohr etwas Außergewöhnliches, etwa eine Touristenattraktion der Stadt, betrachtet werden kann. Das Rohr ist jedoch nicht zu schwenken, bleibt starr auf den Eingang des Theaters gerichtet. Beim Blick ins Rohr, für den keine Münze erforderlich ist, wird ein sich ständig drehendes Vexierbild gezeigt. Einzelne Reihen von Rundbogenöffnungen schieben sich unaufhaltsam ineinander. Man verliert jedes Gefühl für unten und oben. Gleichzeitig ist ein formaler Bezug zu Theaterlogen offenkundig. Der Neugierige kann jedoch nicht ergründen, ob es sich um einen wirklichen oder fiktiven Raum handelt. Die Entschlüsselung dieses rätselhaften Bildes gelingt nur, wenn man seitlich der Holzplattform in die Tiefgarage hinabsteigt. Die gesamte Anlage ist um einen hellen kreisrunden Hof organisiert. Offene Rundbogenfenster liegen entsprechend der Fahrrampen schraubenförmig nebeneinander und werden in ihren Laibungen mit kleinen Strahlern illuminiert, sodass sich die Öffnungen zu

entrance of the theatre. Looking in the telescope, which does not need a coin, a steadily turning picture puzzle is shown. Separate rows of arches slide around continuously into each other. One loses the perception of up and down. At the same time, a formal reference to theatre boxes is apparent. The curious, though, cannot determine if it is a true or fictitious room. The key to this mysterious picture is found only if you climb down the side of the wooden platform into the underground car-park. The entire layout is organised around a bright, circular courtyard. Open arched-windows arranged spirally next to the ramps are illuminated by small beams, so that they shine up at the opening in bands of light. A round, bent mirror divided into hexagons is also visible on the floor of the six storey hall. This mirror is constantly rotating; when viewed from above in the square, the angle of view is turned perpendicularly by 90 degrees, and it results in the aforementioned paradoxical picture, caused by the reflecting "facade" of the cylinder. Daniel Buren gave his work the meaningful name *Sens Dessus Dessous*. Here something as ordinary as an underground car-park succeeds in being made an integral part of the design of the square. The underground car-park offers such an attraction, that it has become the actual focal point of the square.

Further north, the Place de la République was redesigned, along with the Rue de la République, by Alain Sarfati. The architect "rolled out the carpet," according to his own words. Through the use of light granite tiles, the surface of the former street has been simulated. Through this, the boulevard has retained its proportion and spaciousness. The Place de la République has a rectangular, very large pool, that is bordered by benches along its length.

The cosiest square emerged with the newly designed Place de la Bourse. Cars also once parked here. The design stems from the landscape architect Alexandre Chemetoff, who won the French "Grand Prix d'Urbanisme" in 2000.

He envisioned seven, parallel, thickly planted narrow planes, that, with his design, radically altered the heavily built-up square. The rather small vegetation is in the foreground and through its arrangement provides a rigorous "city" rhythm, one that determines the direction in which pedestrians walk. The space in-between the green strips was decorated with light granite tiles. Chemetoff placed 126 large clay pots with boxwood trees in a pattern. Its arrangement created niches, in which benches were arranged. The space has an unnatural, almost theatrical effect at night, when it is lit up by sunken beams of light. The otherwise busy square became an enchanting, peaceful retreat. The car-park entrances and exits are located in the Rue de la Bourse to the side of the square.

The drawn out Place Antonin Poncet connects the Royal Bellecour Square with the Rhône. It is enclosed on the southern side by the main post-office. There is a row of unassuming residences on the north side, typical for this city district. The design of the square was also accompanied here by the construction of an underground car-park. Michel-Louis Bournes' plan is extremely simple and clear. The ground was raised on the western side, where the square turns into the Place Bellecour, up to four different levels. The highest surface is lined with closely-planted trees and is covered, like the Place Bellecour, with red gravel. The old bell tower, left over from an old hospital that no longer exists, is left free by the platform. On the eastern side are lawns. The square closes off the Rhône with a pool of water and a wide set of steps, leading down to the river. Direct access is possible here, since the four-lane dual carriageway on the quay has been redirected to a tunnel.

Lyon demonstrated to Jean-Pierre Charbonneau, who has in the meantime worked in Saint-

Lyon,
Place de la République

Etienne, Grenoble and Naples as an advisor, that "public space should have the same priority in city planning politics, as living space does. A global and culturally-related view of the city, as the developers and planners thought, and an appeal for creativity and discussion with the residents are the fundamental basis needed to reach a mutually satisfactory conclusion." It is no longer a question whether the immense investment and large planning costs were worthwhile. The residents of the city were given back the squares as precious urban public space, something that was vital.

It did not take long to decide on the next large undertaking: the *Grand Projet* renovation of the southern section of the peninsula. The 150 hectare large area is currently still cut off from the centre. Duel carriageways and the Parrache train station, which was extensively expanded in the seventies into a Centre d'Echanges, are still in the way. A new district, one that will symbolise Lyon as a city of services, will be created here. The area is, with

Lichtbändern fügen. Am Boden der sechsgeschossigen Halle ist ein ebenfalls runder, jedoch geneigter Spiegel zu sehen, der in sechseckige Flächen aufgeteilt ist. Dieser Spiegel rotiert ständig; beim Blick durch das Sehrohr oben auf dem Platz erscheint, da der Blickwinkel um 90 Grad senkrecht nach unten umgelenkt wird, das besagte paradoxe Bild, das sich durch die sich spiegelnde »Fassade« des Zylinders ergibt. Daniel Buren gab seinem Werk den vielsagenden Namen *Sens Dessus Dessous*. Es gelang hier, etwas so Profanes wie eine Tiefgarage zu einem integralen Teil der Platzgestaltung zu machen. Der unterirdische Parkraum bietet sogar eine solche Attraktivität, dass er zum eigentlichen Thema des Platzes wird.

Weiter nördlich wurde von Alain Sarfati die zentrale Place de la République zusammen mit der Rue de la République neu gestaltet. Der Architekt hat nach eigenen Worten einen »Teppich ausgerollt«. Er nimmt mit seinen

hellen Granitplatten in etwa die Fläche der früheren Fahrstraße ein. Dadurch bewahrt die Prachtstraße ihre Proportionen und ihre Großzügigkeit. Die Place de la République erhielt ein rechteckiges, sehr großzügig ausgelegtes Wasserbecken, das auf den Längsseiten durch Bänke eingefasst wird.

Der heimeligste Platz ist mit der neu gestalteten Place de la Bourse entstanden. Auch hier parkten zuvor Autos. Der Entwurf stammt von dem Landschaftsarchitekten Alexandre Chemetoff, der im Jahr 2000 in Frankreich den »Grand Prix d'Urbanisme« verliehen bekam.

Er sah auf der Place sieben parallele, dicht bepflanzte schmale Flächen vor, die den eng bebauten Platz in seiner Struktur grundlegend verändert haben. Die eher kleinwüchsige Vegetation steht im Vordergrund und sorgt in ihrer Anordnung für einen strengen »städtischen« Rhythmus, der den Weg der Passanten vorschreibt. Die Zwischenräume der begrünten Streifen wurden mit hellen Granitplatten versehen. Chemetoff stellte 126 große Tontöpfe mit Buchsbäumen in einem festgelegten Raster auf. Durch ihre Anordnung ergeben sich Nischen, in denen Bänke aufgestellt wurden. Bei Dunkelheit, wenn die Grünzone von im Boden eingelassenen Strahlern erleuchtet wird, bekommt der Raum eine unwirkliche, nahezu theatralische Wirkung. Der sonst so geschäftige Platz des Durchgangs wird mit seinen zahlreichen Nischen zu einem verwunschenen, friedlichen Rückzugsort. Die Ein- und Ausfahrten der Tiefgarage liegen seitlich des Platzes in der Rue de la Bourse.

Die langgezogene Place Antonin Poncet stellt die Verbindung her zwischen dem Königsplatz Bellecour und der Rhône. Sie ist im Süden von der Hauptpost eingefasst. Im

Norden steht eine Reihe von schlichten Bürgerhäusern, wie sie für den Stadtteil typisch sind.

Die Platzgestaltung ging auch hier mit dem Bau einer Tiefgarage einher. Michel-Louis Bournes Planung ist äußerst einfach und klar. Im Westen, wo der Platz in die Place Bellecour übergeht, hob er das Terrain um vier Stufen an. Diese höher liegende Fläche wird von eng gepflanzten Bäumen und einem Band heller Granitplatten umsäumt und ist wie die Place Bellecour mit rotem Kies bedeckt. Der alte Glockenturm, der von einem nicht mehr vorhandenen Krankenhaus übrig blieb, wird von der Plattform ausgespart. Im Osten befinden sich Rasenflächen. Zur Rhône hin schließt der Platz ab mit einem Wasserbassin und einer breiten Treppe, die zum Fluss hinunterführt. Der direkte Zugang ist hier möglich, da die vierspurige Schnellstraße am Quai im Tunnel geführt wird.

Für Jean-Pierre Charbonneau, der inzwischen auch in Saint-Etienne, Grenoble und Neapel als Berater tätig ist, hat Lyon gezeigt, dass »die öffentlichen Räume in der Stadtplanungspolitik eine Priorität genießen sollten, die der des Wohnens gleichkommt. Eine globale und kulturbezogene Sicht der Stadt, wie sie den Bauherren und den Planern insgesamt eigen war, der Appell an Kreativität und die Auseinandersetzung mit den Bewohnern sind Grundlage, um zu einem für alle befriedigenden Ergebnis zu kommen.«

Dass sich die immensen Investitionen mit größtem Planungsaufwand gelohnt haben, steht inzwischen außer Frage. Den Bürgern der Stadt wurden mit diesem Projekt die Plätze als kostbare städtische Freiräume von großer Signifikanz neu geschenkt.

Die nächste große Aufgabe ließ nicht auf sich warten: Das *Grand Projet* der Neuplanung des südlichen Teils der Lyoner Halbinsel. Dieser 150 Hektar umfassende Bereich ist zur Zeit noch vom Zentrum abgeschnitten. Im Weg stehen Schnellstraßen und der Bahnhof Parrache – der in den siebziger Jahren zu einem Centre d'Echanges monströs erweitert wurde. Hier soll ein neues, das moderne Lyon als Dienstleistungsstadt symbolisierendes Viertel entstehen. Zur Zeit ist das Areal – abgesehen vom Wohnquartier Saint-Blandine – in weiten Teilen von brachliegenden Industrieanlagen geprägt. Bei der Planung sind nicht mehr die Stadt, sondern Projektentwickler und Bauträger am Werk, bei denen kommerzielle Prämissen im Vordergrund stehen. Der Masterplan auf weitgehend orthogonalem Raster liegt vor. Hierfür zeichnen Oriol Bohigas und Josep Martorell aus Barcelona, Thierry Melot aus Paris sowie drei weitere Büros verantwortlich. Die ersten Bauten stehen bereits. Am Ende der Halbinsel, wo sie am Zusammenfluss von Rhône und Saône spitz zuläuft, entsteht ein *Parc du Confluent* – mit Coop Himmelb(l)au-Museum und Yachthafen.

Lyon sollte nicht isoliert gesehen werden. Fast jede große französische Stadt hat nach der lange geforderten und endlich auch durchgesetzten Dezentralisierung ihr *Grand Projet* in die Wege geleitet. Unterstützt mit den Geldern aus Paris für die Verbesserung der Infrastruktur, schieben sie sich in harter Konkurrenz zueinander ins Rampenlicht der europäischen Marketing-Bühne. Ziel ist es immer wieder, mit Neuplanungen oder mit einer umfassenden Neubewertung und -gestaltung des Vorhandenen Developer und Investoren zu locken. Lille mit dem neuen Stück Stadt Euralille ist hierbei sogar weit über Frankreich hinaus das wohl spektakulärste, aber auch umstrittenste Beispiel.

the exception of the residential district Saint-Blandine, characterised in large part by defunct industrial plants. Project and property developers, but not the city, are working on a plan, in which commercial interests are emphasised. The master plan with an elaborate orthogonal pattern has been submitted. Oriol Bohigas and Josep Martorell from Barcelona, Thierry Melot from Paris, as well as three additional offices are responsible for this. The first buildings have already been constructed. The *Parc du Confluent* with Coop Himmelb(l)au Museum and a harbour for yachts were created at the tip of the peninsula, at the confluence of the Rhône and Saône.

Lyon should not be seen as an isolated example. Almost every large French city has designed its own *Grand Projet* following the extensively cultivated and finally agreed-upon decentralisation in Lyon. Supported with funds from Paris for the improvement of the infrastructure, they are now in competition for the limelight on the European marketing stage. The goal is, as always, to entice existing developers and investors through renovations or with a comprehensive reassessment. Lille, with its nine-district city *Euralille* has become the most spectacular in all of France, but is at the same time the most controversial example.

Local Metropolis –
Global Village.
Nomaden in Tokio

Ulrich Schneider

Ob Narita bei Tokio oder der Kansai Airport bei Osaka der Ankunftsflughafen in Japan ist, erster Eindruck scheint, dass die Luftflotten dort nur aus Jumbojets bestehen. In Vierhunderterpaketen werden in flotter Folge Menschenmengen nach Japan transportiert. Diese Impression von Internationalität schwindet, wenn man vor den Schaltern der Einreisebehörden konstatiert, dass die Nicht-Japaner bei weitem in der Minderzahl sind. In Japan bleibt man unter sich. Die eigene Fremdartigkeit wird dem Gast aus dem Westen – aus Europa – oder dem Osten – aus Amerika – schließlich vollends bewusst, wenn er sehr verspätet auf der künstlichen Flughafeninsel Renzo Pianos eintrifft und dort improvisierend übernachten muss. Das Personal des international renommierten Flughafenhotels beäugt den unangemeldeten Gast mit einer Mischung aus Freundlichkeit und unverhohlenem Misstrauen. Ob man nicht doch reserviert habe. Dreimal kontrolliert die Rezeptionistin die Kreditkarte des späten Gastes. Man kann nie wissen …

Dieses Gefühl des Niemals-Wissens sollte sich der Reisende in Tokio zu eigen machen und sein Leben lang behalten. Diese Stadt ohne Grenzen bleibt immer überraschend. Einzelne Stadtviertel wie Ginza, Shibuya oder Shinjuku visualisieren zwar mit Hochbauten von 40 und mehr Stockwerken wirtschaftliche und administrative Ballungszentren, sie haben aber eher Symbolcharakter. Der Großteil der 25-Millionen-Stadt verliert sich in einer Breite, deren endgültige Ausdehnung, der

Gebirgskranz rund um die flache Ebene von Edo, noch lange nicht erreicht ist. Ein hochfunktionales Nah- und Fernverkehrsnetz auf Schienen wird auch in Zukunft dafür sorgen, dass man die Arbeitsstätte innerhalb des Rings der Yamanote-Circle-Line in maximal zwei Stunden erreicht, ein für japanische Verhältnisse durchaus erträglicher Rahmen für einen normalen 14-Stunden-Arbeitstag.

Allen japanischen Unkenrufen über sich verändernde Arbeitsmoral zum Trotz lebt hier der Mensch oft gerne für seine Arbeit. Eine neue junge Generation von schnell ziehenden Stadtnomaden hält es da nicht anders. Gut verdienend, also trotz der exorbitanten Preise konsumfreudig, verfügt diese neue Office-Generation oft nur über die Basis einer Wohnung, wenn sie nicht überhaupt bei den Eltern logiert. Mit der Beendigung eines Systems, das die Angestellten von der Wiege bis zur Bahre an die Firma bindet, hat sich sofort eine Kultur entwickelt, die auf große soziale Mobilität ausgerichtet ist. Modedesigner und Architekten haben sich seit den achtziger Jahren auf dieses Phänomen vorbereitet. So ist Issey Miyakes Nomadenkleidung heute ein Klassiker, seine Lederjacke mit einem guten Dutzend verborgener Taschen ein praktischer Gegenstand in der Hektik der Arbeitswelt. Toyo Ito hat mit seinen *Pao Projects* in der gleichen Zeit die Idee für eine Wohnung in einem zentralen Raum für die »Nomadenfrauen« Tokios (*A Dwelling for Tokyo Nomad Women*) entwickelt.

Local Metropolis –
Global Village.
Nomads in Tokyo

Ulrich Schneider

Should the airport at Kansai or Osaka be the place of arrival, the first impression that confronts the visitor is that the fleets of aircraft consist, almost exclusively, of jumbo jets. In packages of four hundred at a time, huge numbers of passengers are rapidly transported to Japan. This cosmopolitan impression disappears when, standing at the counter of the immigration authorities, one is astonished to find that non-Japanese are, by far, in the minority. Japan is an insular society the inhabitants of which keep to themselves. For the visitor coming from the West – from Europe or from the East – from America, the sense of being foreign becomes very apparent when, arriving late on a delayed flight, he is obliged to stay overnight on Renzo Piano's artificial airport island. The personnel of the internationally renowned airport hotel eye the unannounced guest with a mixture of friendliness and distrust. Has one made a reservation? The receptionist checks the validity of the late guest's credit card three times. One never knows …

The traveller to Tokyo would be well advised to make this sense of not knowing his own, and for the rest of his life. This city without limits is always full of surprises. Districts, such as Ginza, with its high rise buildings of up to 40 odd floors, Shibuya or Shinjuku are visible examples of economic and administrative centres. The biggest part of this 25-million strong city stretches into a distance the outer perimeter of which, the mountain range surrounding the plain of Edo, has yet to be reached. In the future, the highly efficient public and long distance rail traffic will enable the commuter to reach his place of work by the

Yamanote-Circle-Line in a maximum of two hours which, for the Japanese, who are accustomed to a 14 hour day, is a perfectly acceptable state-of-affairs.

Despite prophesies of gloom with regard to the changing state of the Japanese work ethic, in Japan, one gladly lives for one's work. The new young generation of city nomads thinks no differently. With high wages despite exorbitant prices, this new consumer-oriented office-generation commonly lives in rudimentary accommodation – that is, if they do not still live with their parents. With the termination of a system in which employees were bound to their work from the cradle to the grave, a culture has evolved which is oriented on greater social mobility. Fashion designers and architects have been preparing for this phenomenon since the eighties. Thus, Issey Miyakes' nomad clothing now enjoys classic status. His leather jackets with a dozen or so hidden pockets are especially useful for the hectic everyday demands of the professional. At around the same time, with his *Pao Projects*, Toyo Ito developed his idea for an apartment in a central area of Tokyo (*A Dwelling for Tokyo Nomad Women*).

The daily routine of a modern Tokyo office looks something like this: The impressive but tiny four-flour buildings are filled by 10 am. The employees sit at their computers in the most constricted of rooms until lunch, which is often consumed at their desks. Much time is given over to company discussions. Work continues until about 8 pm. After the evening meal, which is often taken at a local restaurant with colleagues, the hard core return to the office where they often continue to work until midnight. The "separation of the wheat from the chaff" is determined by who takes the last tram or subway train. The destinies of those who stay overnight are seamlessly interwoven with the "ups and downs" of the company. If one considers that the majority of creative artists (architects, advertisers, designers) working at international offices are also required to travel, then the lack of attention paid to the home becomes clear.

In this respect Tokyo centre, as well as the areas on the outskirts, form a consistent picture of private life and work. Beyond the wide boulevards with multi-storey buildings are village-like residential areas. It is here that one may observe a continual change in the creative enterprises of the middle-class. Everything here is subject to rapid transformation, which is logistically manageable by means of a perfectly functioning logistical system. All services are available within the shortest period of time and 24 hours a day. Every object ordered via the internet is immediately delivered by small, ever present transport vehicles.

Logistics and infrastructures are the magical powers that make this incredible concentration of people in greater Tokyo possible: it's a kind of miracle that, for example, approximately 25 million people are able to take a shower simultaneously. It goes without saying that all closing times are completely superfluous. In gigantic supermarkets such as Mart or 24/24, which are also present everywhere in the country, the nomad can find everything he requires: deep-frozen goods

Der Tagesablauf in einem modernen Tokioter Office sieht ungefähr so aus: Gegen zehn Uhr füllen sich die winzigen vier Etagen in dem wenig ansehnlichen Mietsgebäude. Auf engstem Raum sitzen die Mitarbeiter und Mitarbeiterinnen an den Rechnern, bis zum Lunch, das meist am Schreibtisch eingenommen wird. Besprechungen in großer Runde wird viel Zeit gewidmet. Bis 20 Uhr geht die Arbeit am Rechner weiter. Nach dem Abendessen, zu dem man vielfach mit der Arbeitsgruppe in ein nahe gelegenes Restaurant einkehrt, geht zumindest der harte Kern wieder in die Büros, wo oft bis Mitternacht gearbeitet wird. Die »Trennung der Spreu vom Weizen« bedingt die letzte U- oder S-Bahn: Wer über Nacht bleibt, ist am engsten mit der Firma und deren »Ups and Downs« verbunden. Bedenkt man, dass die meisten der Kreativen (Architekten, Werbeleute, Designer) der internationalen Büros außerdem zweimal im Monat weite Reisen unternehmen müssen, wird klar, dass dem Wohnen nur sehr geringe Aufmerksamkeit geschenkt wird.

Dabei bildet Tokio sowohl im Zentrum als auch in den Außengebieten eine konsequente Einheit von Wohnen und Arbeit. Unmittelbar jenseits der breiten Boulevards mit mehrstöckiger Bebauung breiten sich fast dörfliche Wohngebiete aus. Hier nisten sich in stetem Wandel die kreativen Kleinbetriebe des Mittelstandes ein. Alles ist hier einer rasanten Entwicklung unterworfen, die nur durch perfekt funktionierende Kleinstlogistik zu beherrschen ist. Jede Serviceleistung ist innerhalb kürzester Zeit an jedem Punkt erhältlich. Jeder Gegenstand, der im Internet bestellt wird, wird durch diese stets präsenten Kleinsttransporter sofort ausgeliefert.

Logistik und Infrastruktur sind die Zaubermächte, die diese unglaubliche Menschenballung im Großraum Tokio überhaupt möglich machen. Ein Wunder alleine, dass rund 25 Millionen Menschen fast gleichzeitig duschen können. Dabei ist es selbstverständlich, dass jegliche Ladenschlusszeiten außer Kraft gesetzt sind. In Riesensupermärkten

and packed fresh-foods, mangas and alcohol-free drinks. The liquor store is also near at hand and a nation-wide network of vending machines caters, at all times, for the provision of all kinds of foodstuffs.

Tokyo and other large cities, such as Nagoya and Sendai, are impressive for their concentration of restaurants, bars and entertainment centres. Just as the desert nomad finds his wells, so the urban nomad finds his fashionable haunt. The speed at which changes occur in urban centres is reminiscent of the changes one can observe in desert dunes. Where yesterday a parking lot stood, is today occupied by a mega brasserie which seats 400 guests and which tomorrow will be a shopping centre. What was once an art gallery with an international programme has, due to changed economic conditions, mutated overnight into a car salesroom. It was for such circumstances that Toyo Ito created his Nomad Restaurant in 1986, although it has long since ceased to exist. In this continually changing, fast track world a landmark is needed such as the Tower of Winds, created by Toyo Ito as a meeting place in Yokohama.

Even the architect, Hiroshi Hara, who became famous for his large structures such as the main-line train station in Kyoto devoted himself for decades during his time as a university teacher to the study of semi-mobile village communities. Whether it be the box-like designs of Greek island architecture or the more flexible mud architectures in central Africa, one may find various tones of this kind in his work. This carefree removal of buildings also accounts for the contemporary nomadic mentality. Materials such as aluminium used in the construction of residential buildings, for example, can be completely recycled and are cheap to transport. The continual confrontation with unforeseen natural events such as landslides, earthquakes, Tsunami-waves and fires in Japan has contributed to rapid change becoming a matter of course.

What, in Japan is seen as a trend, will extend to the Pacific. Along with China, these economic zones of the 21st century possess a potential social mobility which makes Europe appear very staid. The phenomenon, first discovered in Japan, of loneliness in a crowd will increase. So to keep pace with this global development it seems as if this nomadic lifestyle will become inevitable for us in the West as well – a further step away from Euro-centrism.

wie dem Mart oder dem 24/24, die es auch auf dem Lande schon überall gibt, findet man alles, was die Nomadenkultur benötigt, Tiefgefrorenes und abgepackt Frisches, Mangas und alkoholfreie Getränke. Auch der Liquorstore liegt nahe, und ein landesweites Netz von Automaten sorgt zu jeder Zeit für Verköstigung.

Beeindruckend ist in der Hauptstadt Tokio und den anderen Millionenstädten wie Nagoya oder Sendai die unglaubliche Dichte an Restaurants, Bars und Vergnügungseinrichtungen. Wie der Wüstennomade seinen Brunnen, so findet der Großstadtnomade seinen Geheimtipp des absoluten Trends. Die Geschwindigkeit der Veränderung im städtischen Raum erinnert an das Wandern von Dünen. Wo gestern ein Parkplatz war, steht heute eine Mega-Brasserie mit 400 Plätzen und morgen ein Geschäftshaus. Was bis zum Bau eines Bürozentrums als große Kunsthalle mit internationalem Programm betrieben wurde, mutiert dann wirtschaftsbedingt zum Autosalon. Für diese Situationen hat Toyo Ito 1986 sein Nomad Restaurant kreiert, das bis heute richtungsweisend ist, obwohl es längst nicht mehr besteht. In dieser stets sich verändernden, sehr schnellen Welt bedarf es der Landmarken, wie dem Tower of Winds, dem von Toyo Ito geschaffenen Treffpunkt in Yokohama.

Auch der Architekt Hiroshi Hara, der in Europa eher durch seine Großbauten wie den Hauptbahnhof von Kyoto bekannt wurde, hat sich als Hochschullehrer jahrzehntelang dem weltweiten Studium semimobiler Dorfgemeinschaften gewidmet. Ob die Schachtelbauweise griechischer Inselarchitektur untersucht wurde oder die flexible Lehmarchitektur in Zentralafrika, Anklänge dieser Art findet man in seinen Werken.

Auch die leichtherzige Entfernung von Bauten trägt der heutigen Nomadenmentalität Rechnung. Das Material, etwa Aluminium im Wohnbau, ist voll recyclebar und kostengünstig im Transport. Die stete Auseinandersetzung mit nicht vorhersehbaren Naturgewalten, Erdrutschen, Erdbeben, Tsunami-Wellen und Feuersbrünsten haben in Japan eine Selbstverständlichkeit des schnellen Wandels begünstigt.

Was für Japan ein Trend ist, wird sich im pazifischen Raum weiterverbreiten. Diese Wirtschaftszone des 21. Jahrhunderts verfügt mit China über ein Potenzial an sozialer Mobilität, das Europa statisch erscheinen lässt. Das in Japan empfundene Phänomen der Vereinzelung in der Menge wird sich potenzieren. Um mit dieser globalen Entwicklung Schritt halten zu können, wird ein Nomadenleben womöglich auch für uns nicht zu vermeiden sein – ein weiterer Schritt weg vom Eurozentrismus.

Städte
ohne Grenzen

Manfred Schmalriede

Manfred Schmalriede

Mit der Zeit nahmen in Marcos Erzählungen die Worte den Platz der Dinge und der Gesten ein: Ausrufe zunächst, einzelne Namen, karge Verben, sodann Satzperioden, verzweigte und verschnörkelte Reden, Metaphern und Gleichnisse. Der Fremde hatte gelernt, die Sprache des Kaisers zu sprechen, oder der Kaiser, die des Fremden zu verstehen.[1]

After a time words began to assume the place of objects and gestures in Marco's stories: initially exclamations, individual names, meagre verbs, then periods branched out and caused speech, metaphors and similes to become involuted. The foreigner had learned to speak the language of the Emperor, or the Emperor to understand the foreigner.[1]

Kublai Khan hatte bemerkt, daß Marco Polos Städte einander ähnlich waren; als wäre der Wechsel von der einen zur anderen nicht durch eine Reise, sondern durch ein Austauschen von Elementen bedingt. Von jeder Stadt, die Marco ihm beschrieb, ging jetzt des Groß-Khans Geist eigene Wege, nahm die Stadt Stück um Stück auseinander und baute sie auf andere Art wieder auf, indem er Bestandteile austauschte, versetzte, umkehrte.[2]

Kubla Khan had noticed that Marco Polo's cities were all alike; as if the transition from one to the other was not the result of travel, but rather due to an exchange of elements. Each city that Marco had described to him was, in the mind of the Great Khan, disassembled piece by piece and then reconstituted differently, with their parts interchanged, displaced reversed.[2]

Das helle Licht zwischen den Bäumen lässt Blätter, Äste und Zweige im blassen blauen Himmel verschwinden. Farbige Sträucher oder Büsche tauchen in unserer Nähe auf. Wir gehen im Garten des Kaiserpalastes in Tokio spazieren. Ein schwarzes Raster gibt den Blick auf eine sich endlos ausbreitende Stadt frei, die in tiefem Blau zu versinken scheint. Bunte Blumen zieren den oberen Rand der Rahmung. Zwei Vögel fliegen unterhalb des Rasters über die Stadt hinweg. Wir gehen über Bilder aus Glas. Der Blick in den Abgrund findet keinen Halt, wir sind leicht desorientiert (Abb. S. 42/43). Erst ein weiteres Bild lässt den Schluss zu, dass wir uns in einem Tempel befinden (Abb. S. 44). Diese Fotografien von

Claudio Hils markieren eine extreme Position seiner Interpretationen der Städte Tokio, Bangkok, São Paulo, Los Angeles und Las Vegas. Einmal blicken wir direkt auf unsere Umgebung, fühlen uns als Teil davon, dann aber werden wir mit einer artifiziellen Bilderwelt konfrontiert, fremd, jedoch als inszenierte Welt schon längst Teil unserer Alltagskultur.
Über Bilder von Städten zu schreiben, führt nur indirekt zum Ort des Geschehens zurück. Die Stadt ist physischer Raum unserer Aktivitäten. Sie ist Ort von Ereignissen, Erlebnissen und Beobachtungen. Sie ist Orientierung und Kommunikation. Auf dem Weg vom Bahnhof ins Zentrum folgen wir den Straßen, benutzen die Gehsteige und achten auf die entgegenkommenden Menschen. Ihre Reaktionen auf unsere Aktionen erscheinen uns selbstverständlich, da wir nur selten wahrnehmen, dass wir offensichtlich Hindernisse für die anderen sind und sie uns deswegen ausweichen. Anderen Hindernissen wie Häusern, Bäumen, Autos, Verkehrsschildern gehen wir alle auf ähnliche Art und Weise aus dem Weg. Ein komplexes System von Verhaltensweisen reguliert unser Zusammenleben. Claudio Hils hat in mehreren Großstädten rund um den Erdball fotografiert und Serien von Bildern zurückgebracht. Reportagen über Menschen und die Orte, an denen sie leben: die Städte.
Marco Polo, so schildert Italo Calvino, hat seinem Gastgeber in China von verschiedenen Städten berichtet. Offensichtlich hat der begeisterte Zuhörer schnell die Muster dieser Städte identifiziert, sodass er irgendwann beginnt, die Städte in ihre typischen Bestandteile zu zerlegen und sie nach seinen Vorstellungen wieder zusammenzusetzen. Unser Begriff von Stadt setzt einen Rahmen, in dem einzelne Elemente durchaus variabel arran-

The bright light between the trees causes branches and twigs to melt into the pale blue sky. Colourful shrubs or bushes suddenly emerge near us. We are going for a walk in the Emperor's Palace garden in Tokyo. Through a black frame we have a view of a city stretching endlessly out, one that appears to sink into deep blue. Bright flowers adorn the upper edge of the frame. Two birds fly beneath the patterns and away over the city. We are walking on pictures made of glass. The view into the chasm has no end; we are slightly disoriented (Ill. p. 42/43). Only with the next picture can we conclude that we are in a temple (Ill. p. 44). These photographs from Claudio Hils mark an extreme position in his interpretation of the cities Tokyo, Bangkok, São Paulo, Los Angeles and Las Vegas. In some sense we feel as if we are looking directly at our surroundings only to be later confronted with an artificial world of pictures, strange, but nevertheless a staged world already long part of our daily culture.

Writing about pictures of cities leads only indirectly back to the place of the event. The city is the physical space of our activities. It is the scene of events, experiences, and observations. It is orientation and communication. On the way to the train station in the centre we follow the streets, walk along the pavement and react to passers-by. Their reactions to our actions seem natural, since we only rarely perceive that we are obvious obstacles for others for which they must make way. In turn, we circumvent other potential obstacles such as houses, trees, automobiles, and traffic signs. A complex system of behaviour regulates our shared lives.

Claudio Hils has photographed many large cities around the world and has brought back entire series of pictures. They are reports on people and the places in which they live – cities.

According to Italo Calvino, Marco Polo informed his Chinese host on various cities. Apparently the enthralled listener quickly identified the pattern of these cities, so that at some point he began to disassemble cities into their characteristic parts and to then reconstitute them according to the image of them that he had made. Our concept of a city creates a framework in which the single elements can be variably arranged. Claudio Hils decomposes cities into parts or fragments through his photographs, that, when reassembled in a series, cover aspects of cities. Moreover, the pictures created through photographic dismantling realise an aesthetic concept as elements of perception. His motives divert us from highlights and clichés that might be significant in our own vision of cities. They are situated in unexpected places: in rubbish tips, industrial plants, branches of indus-try, construction sites, streets, bridges and in housing areas, in shopping centres or in parks, zoos and green spaces. Aspects of cities that are so uniform and so taken for granted that we ignore them and hardly expect to encounter them in a picture. It is the very ubiquitous nature of these objects that make them seem characteristic of a city and at the same time of the conditions required for its existence.

Strangers experience a city with greater detachment than the residents. The photographer uses his foreignness in a paradoxical manner. He interposes the camera between himself and his surroundings as an intervening authority in order to create intimacy out of distance. Even at the very time he approaches people, he remains an inconspicuous observer among them, something that actually creates the impression in us of being close to the centre of events. The pictures appear to be mere coincidental details, but are, as we will see, the calculated result of an aesthetic concept. This specific approach counteracts, appears to grasp the perspective of the picture through everything that is organised, supported by the large optical depth-of-field. Photographed, whenever possible, from an elevation, the picture expands into a tangle of streets and buildings. These two extreme "viewpoints" together make up aesthetic pattern whose potential, created and

Claudio Hils
Tokio / Tokyo
▷ S./p. 42/43

giert werden können. Claudio Hils zerlegt die Städte mit seinen Fotografien in Teile oder Fragmente, die, zu Serien zusammengestellt, Aspekte von Städten belegen. Darüber hinaus schafft er mit seiner fotografischen Demontage Bilder, die als Elemente der Wahrnehmung ein ästhetisches Konzept realisieren. Seine Motive lenken von den Highlights und Klischees ab, die in unseren Bildern von Städten signifikant sein könnten. Sie sind an ungewohnten Orten angesiedelt: auf Müllhalden, in Industrieanlagen, Industriebrachen, an Baustellen, Straßen, Brücken und in Wohnanlagen, in Einkaufszentren oder in Parks, Zoos und Grünanlagen. Aspekte von Städten, die so selbstverständlich und überall ähnlich sind, dass wir sie ignorieren und schon gar nicht erwarten, ihnen als Gegenstand eines Bildes zu begegnen. Gerade weil diese Elemente von Städten überall zu finden sind, scheinen sie typisch für die Stadt und für die Bedingungen ihrer Existenz zu sein.

Anders als die Bewohner einer Stadt erlebt der Fremde sie aus größerer Distanz. Der Fotograf nutzt seine Fremdheit auf paradoxe Weise. Zwischen sich und seine Umgebung schiebt er die Kamera als vermittelnde Instanz, um über Distanzierung Nähe zu erzeugen. Gerade wenn er sich Menschen nähert, ist er als unauffälliger Beobachter mitten unter ihnen, was in uns als Betrachter tatsächlich die Vorstellung nährt, ganz nahe am Geschehen zu sein. Die Bilder wirken wie zufällige Ausschnitte, sind aber, wie sich noch herausstellen wird, Kalkül einer ästhetischen Konzeption. Dieser spezifischen Annäherung entgegenwirkend, scheint der perspektivische Blick durchs Bild hindurch alles organisierend zu erfassen, unterstützt von der großen Tiefenschärfe der Optik. Möglichst von einem erhöhten Standpunkt aus fotografiert,

expanded by the photographs, plays a decisive role. Before the different photographic concepts are fully explored, here is another reference on aesthetics: Wolfgang Welsch has proposed a general description of the aesthetic in opposition to its historic reduction: "I like to understand aesthetic generally as *Aesthetic*: as the subjection of all types of perception, sensual as well as intellectual, everyday as well as sublime, worldly and artificial."[3] In a complementary sense, a differentiation of perception arises from our reflections "Every type of perception has two stages. First, there is its developmental yield with its specific type – seeing something in the development of the visible according to a certain form and colour scheme – and second, there is singular act of perception – seeing a face here, a colour combination there. I want to call the first the horizon-like focus and the second the actual sense of perception."[4] Since we are concerned here with "photographic" perception, I will take a shortcut to photography, which presupposes its own typos in the form of a program that requires equipment for all pictures. Then there is a second aspect: every picture is the result of an individual photographic act. Welsch emphasises this aspect with respect to the "actual execution of perception." "The horizontal type does not arise at all in actual perception, but lies in the background as a constituting factor. One sees visible subjects, not sight or visibility. Actual perception is related to subject, it goes to the front and is exactly through that efficient."[5] We should take this general but also very specific view of our perception into consideration for perception using a camera. The principle of photography constitutes the photographic. And this background subsequently interests us in subject-related perception.

A view over São Paulo: Hils seldom involves himself with such dimensions. The city appears to dissolve into a diffuse, white-grey blanket of smog

Claudio Hils
São Paulo
▷ S./p. 2

öffnen sich weit ins Bild hinein Schneisen in einem Gewirr von Straßen und Gebäuden. Diesen zwei extremen »Sehweisen« gemeinsam sind ästhetische Muster, deren Potenzial, über die Fotografien erzeugt und verbreitet, eine entscheidende Rolle spielt. Bevor die verschiedenen Bildkonzepte exemplarisch ausgelotet werden, noch ein Hinweis auf das Konzept der Ästhetik: Wolfgang Welsch hat gegenüber einer historischen Reduktion des Begriffs Ästhetik eine allgemeine Umschreibung des Phänomens vorgeschlagen: »Ich möchte Ästhetik genereller als *Aisthetik* verstehen: als Thematisierung von Wahrnehmungen *aller Art*, sinnenhaften ebenso wie geistigen, alltäglichen wie sublimen, lebensweltlichen wie künstlerischen.«[3] Ergänzend dazu nehmen wir auch eine wichtige Differenzierung der Wahrnehmung mit in unsere Überlegungen. »Jeder Wahrnehmungstyp ist zweistufig. Da ist erstens seine Erschließungsleistung mit ihrer spezifischen Typik – beim Sehen etwa die Erschließung des Sichtbaren nach bestimmten Form- und Farbschemata –, und zweitens ist da der einzelne Wahrnehmungsakt – das Sehen dieses Gesichts hier, jener Farbkombination dort. Ich will das Erste den horizonthaften, das Zweite den aktuellen Sinn des Wahrnehmens nennen.«[4] Da wir uns hier mit der »fotografischen« Wahrnehmung beschäftigen, verkürze ich den Weg zur Fotografie, die eine eigene Typik in Form eines Programms ihrer Appara-

tur für alle Bilder voraussetzt. Dazu kommt der zweite Aspekt, dass jedes Bild Ergebnis eines einzelnen fotografischen Akts ist. Welsch hebt diesen Aspekt im Hinblick auf den »tatsächlichen Wahrnehmungsvollzug« hervor. »Die horizonthafte Typik taucht für das aktuelle Wahrnehmen gar nicht auf, sondern liegt ihm konstitutiv im Rücken. Man sieht sichtbare Gegenstände, nicht das Sehen oder die Sichtbarkeit. Aktuelles Wahrnehmen ist objektbezogen, geht nach vorne und ist genau dadurch effizient.«[5] Wir sollten diese Einsicht für unsere Wahrnehmung ganz allgemein aber auch sehr speziell für die Wahrnehmung mit dem Fotoapparat berücksichtigen. Das Prinzip Fotografie ist konstitutiv für die fotografischen Bilder. Und vor diesem Hintergrund interessiert uns im Folgenden das objektbezogene Wahrnehmen.

Ein Blick über São Paulo: Selten lässt Hils sich auf solche Dimensionen ein. Die Stadt scheint sich unter einer diffusen, weißgrauen Dunstglocke aufzulösen (Abb. S. 2). Städte von solchen Ausmaßen sind nicht überschaubar. Überschaubar sind gerade verlaufende Straßenzüge und Plätze, aber auch Müllhalden, verlassenes Industriegelände. Damit aber unser perspektivisches Sehen, über den Fotoapparat festgemacht, nicht allzu besitzergreifend handelt, werden wir durch Hindernisse im Vordergrund der Bilder aufgehalten. Menschen, Autos, Strommasten oder andere Dinge relativieren den Überblick und erinnern uns an die Menschen und ihre Aktivitäten als das Dynamische einer Stadt.

Die Transformation dieser Dynamik durch den Mechanismus der Verkehrssysteme bedeutet zwar einerseits eine Potenzierung der Mobilität, andererseits lähmt sie die Motivation des einzelnen Menschen, wenn er sie, zur Passivität verdammt, in Anspruch nimmt. Der Blick auf den ruhenden Verkehr oder auf die Menschen auf Rolltreppen, im Auto, im Bus oder im Zug konstatiert diesen Zustand lediglich (Abb. S. 76). Der fotografische Blick legt uns fest, wenn wir unsere Umgebung beobachten. Für die beobachteten Menschen sind diese Orte eher zufällig. Was für uns eine räumliche Konstellation aus verschiedenen Versatzstücken ist, bedeutet für den Vorübergehenden ein Kontinuum aus Orientierungen. Die Straßenszenen ausschneidenden Bilder scheinen hierzu in Widerspruch zu stehen. Doch das Statische der Bilder provoziert genau das, was sie nicht darstellen können: Bewegung. Die Passanten sind der Inbegriff von Mobilität, auch wenn sie unter der Last gigantischer Bauwerke zu verschwinden droht. Doch unter den Vorübergehenden bleibt einer stehen, um sich auf ein Telefongespräch zu konzentrieren (Abb. S. 54), und ein anderer Mann mit dem Handy vor der spiegelnden Fassade könnte Symbol einer nächsten Generation von Mobilität via Satellit sein (Abb. S. 59): zufällige Orte, die für einen Moment konkret werden. Dagegen verteidigt ein Parkplatzwächter, der sein Gesicht mit einer Maske gegen die giftigen Abgase schützt, einen unwirtlichen, aber fixierten Ort (Abb. S. 64).

Was Henri Cartier-Bresson für die Reportage den »entscheidenden Augenblick« genannt hat, scheint Hils mit verändertem Akzent auf den entscheidenden Ausschnitt zu verlagern.

Claudio Hils
Tokio / Tokyo
▷ S./p. 76

(Ill.p. 2) . Cities of such magnitude are impossible to overlook. It is possible to overlook running streetcars and squares, but also rubbish tips and vacant industrial areas. In order that the perspective sight as created by the camera does not become too possessive, we will be distracted by obstacles in the foreground of the pictures. People, automobiles, power lines or other things make the view relevant and remind us that the people and their activities form the dynamic elements of a city.

The transformation of this dynamic through the mechanism of the transportation system on the one hand furthers the rise of mobility, on the other hand it cripples the motivation of individuals; if it damns them to passivity, it has its uses. The view of still traffic or of people on escalators, in cars, buses or trains only underscores this state (Ill. p. 76). The photographic outlook determines the way we observe our surroundings. These places are, for the people observed, rather accidental. What is to us a spatial constellation of different components forms a temporary continuum of orientation for the passers-by. The street scenes that are extracted from the pictures appear to be contradictory here. Indeed, the static aspect of pictures evokes exactly what cannot be staged – movement. The passers-by are the epitome of mobility, even when they threaten to disappear under the burden of giant buildings. But among the passers-by someone is concentrating on a telephone call (Ill. p. 54), and another, standing in front of a mirrored facade with a mobile phone,

could be the symbol of a next generation of satellite promoted mobility (Ill. p. 59). These are chance places that become concrete for a moment. A car park attendant defends himself against it, he protects his face with a mask against noxious exhaust fumes, an inhospitable but fixed place (Ill. p. 64) .

What Henri Cartier-Bresson called the "decisive moment", appears to have been shifted by Hils with a different accent put on the decisive detail. His style of detailing is equivalent to a dismantling, but exactly through this he visualises encounters of people and places, that we first make meaningful in the picture. Pictures make everything into equivalent places and events. This also affects places of religious devotion, that appear as little islands that interrupt daily life. Temples in Bangkok are conspicuous places, for believers as well as for the tourists. In the presence of the former, however, they are quickly degraded to mere components of an exotic city.

Hils tries to radically use the discrepancy between proximity and distance arising from use of a fixed standpoint as his theme. In a series of pictures of São Paulo, we stand, as the photographer did, in front of an obstacle: metal and wooden fences or in another case a plate of glass. While we could look over the fence, at blocks of flats in one, at power lines and tower blocks in another, and through the glass at large buildings across the street, direct access is denied. What actually prevents us from going further is, seen close-up, our perception. Passers-by have used the surfaces of walls and glass in order to write or draw on them (Ill. p. 34). The various subjects allow themselves to be thoroughly brought into relation with each other by virtue of their content, since there always appears to be a reason for delimiting or enclosing or removing something from direct view. But what Hils creates through his special extracting technique is the association of different levels through an aesthetic pattern. Or formulated in another way: the competing subjects, proximity and distance, merge into one in the picture which also undergoes its own interpretation. The characters on the wall work, at the first level of abstraction, as graphics from a circuit line, the metal struts and insulators together as lines and figures. Another

Seine Art, auszuschneiden, kommt einer De-montage gleich, aber gerade dadurch visualisiert er Begegnungen von Menschen und Orten, die wir erst als Bild sinnvoll erfahren. Bilder machen alles zu gleichwertigen Orten und Ereignissen. Das betrifft auch die Orte der religiösen Andacht, die den Alltag wie kleine Inseln zu unterbrechen scheinen. Tempel in Bangkok markieren unübersehbare Orte, sowohl für die Gläubigen als auch für die Touristen, in der Gegenwart der Letzteren werden sie jedoch schnell zu Versatzstücken einer exotischen Stadt degradiert.

Hils sucht die durch einen festen Standpunkt bedingte Diskrepanz zwischen Nähe und Ferne radikal zu thematisieren. In einer Reihe von Bildern aus São Paulo stehen wir wie der Fotograf vor einem Hindernis: Zäunen aus Metall- und Holzplatten oder in einem anderen Fall einer Glasscheibe. Während wir über die Zäune hinwegschauen können, das eine Mal auf Wohnblocks, das andere Mal auf Strommasten und Hochhäuser und durch die Scheibe über die Straße wiederum auf große Gebäude, ist uns der direkte Zugang versperrt. Was uns tatsächlich am Weitergehen hindert, ist, aus der Nähe betrachtet, selbst Ereignis. Die großen Zaun- und Glasflächen haben Passanten benutzt, um darauf zu schreiben und zu zeichnen (Abb. S. 34). Die unterschiedlichen Objektbereiche lassen sich inhaltlich durchaus miteinander in Beziehung bringen, da es immer einen Grund dafür zu geben scheint, etwas abzugrenzen oder abzusperren oder der direkten Einsicht zu entziehen. Was Hils aber durch seinen speziellen Ausschnitt auf den Weg bringt, ist eine Verbindung der verschiedenen Ebenen durch ein ästhetisches Muster. Oder anders formuliert: die konkurrierenden Objekte, das Nahe und das Ferne gerinnen im Bild zu einer Ein-

Claudio Hils
São Paulo
▷ S./p. 62

heit, die auch eine eigene Interpretation erfährt. Auf einer ersten Stufe der Abstraktion gehen Schriftzeichen auf der Wand als Grafismen mit den Stromleitungen, den Metallverstrebungen und den Isolatoren als Linien und Figurationen zusammen. Eine weitere Verbindung entsteht über die Farbigkeit. Beim Blick über den Zaun auf die Wohnblocks ist es das kompositorische Verhältnis der großen Fläche zu der darüber gelegenen Raumfläche, die einen Zusammenhang organisiert. Dazu ebenso die Farbe und mit ihr das leicht künstlich wirkende Licht. Die Interpretationen solcher Muster folgen nach weiteren Beschreibungen. Zurück noch einmal zu den konkreten Ereignissen auf den Bildern.

Ein weiteres Foto aus São Paulo dokumentiert eine einfache Behausung, gebaut aus primitiven, gefundenen Materialien direkt unter Hochspannungsmasten. Eine Frau mit Kindern sitzt in einer Öffnung des Hauses. Aus der Konstellation von Wohnung und Stromleitungen allein lässt sich eine Geschichte über die Lebensbedingungen erzählen. Aber einen ganz einfachen Beitrag zum Thema Stadt leistet die kleine Behausung als Element dessen, was eine Stadt ausmacht (Abb. S. 62). Denn nebeneinander aufgereiht und in die Höhe gestapelt, entstehen die riesigen Wohnblocks, von Hils planparallel ins Bild gesetzt, diesmal ein Raster erzeugend, das

connection emerges from the colourfulness. With the view over the fence of the blocks of flats, the compositional proportion of the larger surfaces in relation to the surface area located beyond creates a continuity. The colours too contribute to this, as does the slightly artificial light. The interpretation of such patterns will follow after further descriptions. But once again back to the concrete events of the pictures.

Another photo from São Paulo documents a simple dwelling built out of primitive, scavenged material standing directly under electricity pylons. A woman is sitting with children in an opening in the house. Out of the constellation of dwelling and power lines a story about these living conditions is told. But the small dwelling seen as a constituent of what makes up a city becomes a very simple contribution to the general theme – the city. (Ill. p.62). Then, arrayed in lines and stacked high, the giant blocks of flats are seen, arranged by Hils in parallel levels, producing a pattern obeying the laws of economics, but also being a recent consequence of architectural aesthetics. The laundry hung up to dry under the window gives the monotonous facade a bit of irregularity, suggesting perhaps a sign of life behind the concrete walls (Ill. p.20/21). If we pursue this phenomena in the context of city elements, then it is the high rises, which Hils thrusts into the picture with excerpt-like perspectives, where the halftone facades stand out but also the great bulk of the buildings that must be dealt with. With radical details, Hils crowds the giants. The pictures that result are more than a document of a specific or even a typical city. They are already second degree interpretations, that is, the picture will itself become a subject beyond the relation of the subject, that will immediately be interpreted again, now against a background of aesthetic concepts, that exist in the photograph as independent concepts.

A first concept will be described with regard to

two pictures. The picture taken in São Paulo (Ill. p. 35) shows the detail of a high, looming facade concavely bent, taking up the major portion of the picture. A dark piece of the facade opposite encroaches from the left edge. The facade on the right of the picture, jointed with windows, dominates the spatial makeup of the picture, which is counterbalanced by the dark surfaces. Hils took a comparable picture in Las Vegas, although there the components do not stem from structural parts of buildings. The situation of space in relation to the bodies thrusting into it determines the composition of the picture. In addition there is a special light effected through colours, but ultimately it is a small pattern, expanding over half the picture as the surface of a rounded body that creates a divergent pattern. Even the description of this picture points to concepts of abstract or concrete art that are obviously effective here, in spite of its object relatedness. What can be described as space, volume, surfaces, lines, screens or texture, detach themselves from the objects and, up to a certain degree, condense them into a unit. The construction of industrial plants, bridges and traffic routes are almost impossible to grasp visually in their functional complexity. That is why Hils situates his photographs in places where visual complexity results from the overlapping and intersection of such pieces, always interpretable on an abstract level. If features are only reconstructable through knowledge, then abstraction, in its own unique way, introduces the features that we are used to describing as shape or as an aesthetic pattern. If the pictures allow themselves to be interpreted constructively, in spite of the most diverse relations of objects, it is a concept that is often due to intact structures in a city. The steel construction of São Paulo, for example, does not allow itself be identified in that way. If we view the construction of steel girders as a mere detail, with no disclosure of their functions, and also include the tangle

of black cables and the shadow play on the light girders, then a comparison to a picture from Los Angeles is not farfetched. A tangle of bent steel girders, lying useless in front of a former hall. The view through the branches of a tree or through a chain-link fence over flowers to a bridge and waste ground; through the curtain in a door to the street outside or through a shop window covered with Japanese characters. The uniform concept evokes different textures in the picture that, in their interpretation, supply the substance for varied metaphors. So as not to depart too far from the picture concept, we will go back once more to extremely object-related pictures, which let the eyes wander far over the landscape. A rubbish tip in the vicinity of São Paulo: people collecting anything useful and putting it in sacks, people are sitting in the foreground, eating and drinking, others are working. A very special habitat, that looks tidied up and is obviously not used only sporadically as a work place. Two other pictures show the detritus of devastation and ruin: rubbish with traces of fire. Then the eye goes over the street and rests on small inhabited huts, concrete walls and beyond that to the already familiar power lines and poles. The lower half of the second picture is strewn with broken furniture and other requisites. A leap to Los Angeles brings us close to the large projects that are spreading out into the desert on barren hills. The coarse ground, the artificially laid layer of lime for surfacing the ground or the even car tracks that have levelled the land; and between, like veins,

Claudio Hils
São Paulo
▷ S./p. 35

ökonomischen Gesetzen gehorcht, ebenso aber eine späte Folge architektonischer Ästhetik ist. Die zum Trocknen aufgehängte Wäsche unter einigen Fenstern verbreitet auf der monotonen Fassade ein wenig Unregelmäßigkeit, die wir als Zeichen des Lebens hinter den Betonmauern deuten könnten (Abb. S. 20/21). Verfolgen wir dieses Phänomen im Hinblick auf städtische Elemente, dann sind es die Hochhäuser, die Hils aus verschiedenen Blickwinkeln ausschnitthaft ins Bild holt, wobei die gerasterten Fassaden präsent bleiben, aber auch die große Masse der Baukörper für die Bilder bearbeitet werden muss. Mit radikalen Ausschnitten rückt Hils den Giganten auf den Pelz. Die daraus resultierenden Bilder sind mehr als Dokumente aus einer bestimmten oder typischen Stadt. Sie sind immer schon Interpretationen zweiten Grades, das heißt, über den Objektbezug hinausgehend wird das Bild selbst Objekt, das sofort wieder interpretiert wird, und zwar jetzt vor dem Hintergrund ästhetischer Konzepte, die in der Fotografie als eigenständige Bildkonzepte existieren.

Anhand von zwei Bildern soll ein erstes Bildkonzept beschrieben werden. Das in São Paulo fotografierte Bild (Abb. S. 35) zeigt den Ausschnitt einer hoch aufragenden Fassade, die, konkav gebogen, den größten Teil des Bildes einnimmt. Vom linken Rand her schiebt sich ein dunkles, gegenüberliegendes Fassadenstück ins Bild. Die durch Fenster gegliederte Fassade des rechten Bildteils dominiert die räumliche Konstruktion des Bildes, wohingegen die dunkle Fläche ein Gegengewicht einbringt. Ein vergleichbares Bild hat Hils in Las Vegas gemacht, wenn auch die Versatzstücke nicht nur aus Gebäudeteilen stammen. Die Raumsituation in Beziehung zu den raumverdrängenden Körpern bestimmt die Komposition des Bildes. Hinzu kommt ein spezielles Licht, die Farbigkeit, aber schließlich wieder ein kleinteiliges Raster, das sich als Oberfläche eines runden Körpers über die Hälfte des Bildes ausbreitet und ein divergentes Muster erzeugt. Schon die Beschreibung

the hoses of an irrigation system, taken together they make up finely-layered textures constituted from the smallest parts (Ill. p. 70). These patterns stem from the American Action Painting of the forties and fifties. The *All-over* was an attempt to break loose from rational European painting. It could only emerge in the America of unlimited possibilities. However, the European variant of informal painting already had Impressionism as a precursor. The small *spots* are what form the texture of the hills around Los Angeles, just as the rubbish tips and debris do in São Paulo. The *All-over* evokes the boundless – not to be comprehended from a single point of view – in short: the unclear. The condition of the destruction as well as the raw condition of the pre-fabricated exist in a kind of functionlessness, or, put the other way around, of potential function. It appears to not only be a concept of the growth of cities, situated somewhere between destruction and construction, but rather that photographic dismantling always implies construction of pictures or elements of the city that must suffice to discover a city.

The elements are really just pictures, and pictures can, at best, produce subjects through description. So we make up our pictures of the city we have never seen. But since we know what cities are every one of these pictures represents an update and a structuring of our knowledge. The people who set off to live in a city, as well as those who build and expand the city will be stimulated by more or less vague pictures.

Claudio Hils
Los Angeles
▷ S./p. 70

dieser Bilder verweist auf Bildkonzepte der abstrakten oder konkreten Kunst, die hier trotz Objektbezug unübersehbar wirksam sind. Was als Raum, Volumen, Fläche, Linie, Raster oder Textur beschrieben werden kann, lässt sich von den Objekten lösen und bis zu einem gewissen Grad zu einer eigenen Einheit zusammenfassen. Die Konstruktionen von Industrieanlagen, Brücken, Verkehrswegen sind in ihrer funktionalen Komplexität bildlich kaum zu erfassen. Daher fotografiert Hils dort, wo sich aus Überschneidungen und Überlagerungen solcher Teile eine visuelle Komplexität ergibt, die immer auch auf einer abstrakten Ebene gelesen werden kann. Wenn schon das Funktionale nur durch Wissen rekonstruierbar ist, dann bringt die Abstraktion auf ihre Weise eine Funktion ein, die wir gewohnt sind als Gestaltung oder als ein ästhetisches Muster zu bezeichnen. Wenn in den Bildern sich trotz verschiedenster Objektbezüge Konstruktivität interpretieren lässt, ist es ein Konzept, das häufig mit intakten Strukturen einer Stadt in Verbindung zu bringen ist. Die Stahlkonstruktion aus São Paulo zum Beispiel lässt sich nicht ohne weiteres als solche identifizieren. Nehmen wir die Konstruktion aus Stahlträgern nur als Ausschnitt wahr, ohne deren Funktion zu erschließen, beziehen auch noch das Gewirr von schwarzen Kabeln und das Schattenspiel auf den hellen Trägern ein, dann liegt der Vergleich mit einem Bild aus Los Angeles nahe. Ein Gewirr aus verbogenen Stahlträgern, die tatsächlich funktionslos vor den Resten einer ehemaligen Halle liegen. Der Blick durch das Astwerk eines Baumes oder durch einen Maschendrahtzaun über ein Blumenbild hinweg auf eine Brücke und ein brachliegendes Gelände, durch den Vorhang vor einer Tür nach draußen auf die Straße oder durch eine mit

japanischen Schriftzeichen bedeckte Schaufensterscheibe. Das durchgängige Bildkonzept provoziert verschiedene Bildtexturen, deren Lesarten Stoff für unterschiedliche Metaphern liefern.

Um nicht ganz in die Bildkonzepte abzudriften, kehren wir noch einmal zu extrem objektbezogenen Bildern zurück, die den Blick weit über die Landschaft streifen lassen. Eine Müllhalde aus der Umgebung von São Paulo: Menschen sammeln Brauchbares und füllen es in Säcke ab, im Vordergrund sitzen Menschen, essen und trinken, andere arbeiten. Ein ganz spezieller Lebensraum, der aufgeräumt wirkt und offensichtlich nicht nur sporadisch als Arbeitsplatz dient. Zwei andere Bilder zeigen die Reste der Zerstörung und des Zerfalls: Schutt mit Brandspuren im Vordergrund, dann geht der Blick über die Straße und trifft auf kleine bewohnte Hütten, Betonmauern und darüber auf die schon vertrauten Strommasten und Leitungen. Das zweite Bild ist in der unteren Hälfte mit zerstörtem Mobiliar und anderen Requisiten übersät. Ein Sprung nach Los Angeles bringt uns in die Nähe von Großprojekten, die sich in die Wüste hinein auf kahlen Hügeln ausbreiten. Die grobe Erde, die künstlich aufgelegte Kalkschicht zur Befestigung des Bodens oder die gleichmäßigen Spuren von Fahrzeugen, die das Land planiert haben, und dazwischen, Adern gleich, die Schläuche eines Bewässerungssystems bilden, aus kleinsten Teilen zusammengesetzt, fein abgestufte Texturen (Abb. S. 70). Aus der amerikanischen Malerei des Action Painting der vierziger und fünfziger Jahre stammen diese Muster. Das *All-over* war ein Befreiungsschlag gegen die relationale Malerei aus Europa. Sie konnte nur im Amerika der unbegrenzten Möglichkeiten entstehen. Doch hatte die europäische Variante der Informellen Malerei oder des Tachismus schon den Impressionismus als Vorläufer. Es sind die kleinen *Flecken*, die sowohl die Textur der Hügel um Los Angeles prägen als auch die Müllhalden und Schuttplätze in São Paulo. Das *All-over* provoziert das Grenzenlose, nicht mehr von einem Punkt aus Überschaubare, kurz die Unübersichtlichkeit. Sowohl der Zustand des Zerstörten als auch der Rohzustand des Präfabrizierten existiert in einer Art Funktionslosigkeit oder potenzieller Funktion mit umgekehrten Vorzeichen. Es scheint nicht nur ein Konzept des Wachstums von Städten zu sein, das zwischen Zerstörung und Aufbau angesiedelt ist, sondern die fotografische Demontage impliziert immer auch Bildkonstruktionen oder Elemente der Stadt, die ausreichen müssten, eine Stadt zu erfinden.

Die Elemente sind allerdings nur Bilder, und Bilder können allenfalls Objekte durch Beschreibungen erzeugen. So machen wir uns Bilder über Städte, die wir nie gesehen haben. Da wir aber wissen, was Städte sind, ist jedes dieser Bilder eine Aktualisierung und Strukturierung unseres Wissens. Sowohl die Menschen, die aufbrechen, um in eine Stadt zu ziehen, als auch diejenigen, die an und in der Stadt bauen, werden von mehr oder minder vagen Bildern animiert.

Eine Reihe von Bildern, die Claudio Hils an ganz verschiedenen Orten gemacht hat, geben Aufschluss über Bild- oder Zeichenprozesse, die schon mit den verschiedenen Ebenen innerhalb eines Bildes angedeutet worden sind. Die Spiegelungen in den Glasfassaden produzieren Bilder in Bildern, und manchmal spiegelt sich eine Spiegelung in der Spiegelung. Werbung oder Plakate, gemalte Blumen oder Graffiti sind eigene Bilder, die durch das Foto Teil eines größeren Bildes werden. Eine Plakatwand in Bangkok mit dem Entwurf einer ganzen Stadt, innerhalb des Bildes Menschen und »davor«, so scheint es, zukünftige Bewohner dieser Stadt aus der Retorte (Abb. S. 4/5). Schafft das Foto noch eine Differenz zwischen sich und dem

Claudio Hils
Bangkok
▷ S./p. 4/5

A series of pictures that Claudio Hils took at very different locations give insight into the process of photography or symbolisation, already suggested in the different levels within a picture. The reflection on the glass facades produce pictures within pictures, and sometimes a reflection reflects itself in the reflection. Advertisements or posters, painted flowers or graffiti are pictures in and of themselves that become part of a larger picture through the photograph. A billboard in Bangkok with the outline of an entire city, within the picture are people, and "in front", it appears, the future residents of this synthetic city (Ill. p. 4/5). Does the photograph still create a difference between itself and the dominating picture? To speak of a picture within a picture you must momentarily start with the willingness to accept that one of the pictures constitutes a reality, thereby creating a separation which makes the relation of one picture to the other meaningful – just as we relate pictures to objects situated outside of the picture.

With this model, we turn once more to the levels that we described through abstraction processes. A simple example, one that often appears in Hils' pictures, may reinforce the connection. In the foreground of a picture a construction site is separated from its surroundings by netting. This netting presents a pattern that is repeated again in the background, for example, through the facades of tower-blocks. In between a street or a square stretches out, permitting a concrete realisation of the relations between objects. Nevertheless, the practised eye releases itself from it and creates yet another pattern from colours. Even the people in the picture, who appear not to fit into any of these patterns, will be integrated somewhere, be it through the colours of their clothing or through their chance distribution within the picture.

Gregory Bateson spoke of aesthetic patterns: "I mean, by *aesthetic*, attention for *the pattern, that unites*."[6] Such patterns, simply described, should arise from shapes, forms and relations. They emerge out of the description of different levels, related by virtue of comparison, whose correlations drift farther and farther apart. Again from Bateson: "My central theme lets itself be understood through words: *the pattern that connects is a metapattern*. It is a pattern of a pattern. And exactly this metapattern defines the far-reaching generalisation that they are indeed *patterns that connect*."[7] In order to establish the connection to photography, I will speak on the organisation

dominierenden Bild? Vom Bild im Bild zu sprechen, geht von der Annahme aus, eines der Bilder für einen Moment als Realität zu konzedieren, um eine Trennung zu ermöglichen und eine Differenz zu schaffen, die einen Bezug des einen Bildes auf das andere sinnvoll macht. So wie wir Bilder auf Objekte beziehen, die sich außerhalb des Bildes befinden.

Mit diesem Modell wenden wir uns wieder den Bildebenen zu, die wir über Abstraktionsprozesse beschrieben haben. Ein einfaches Beispiel, das immer wieder in Bildern von Hils vorkommt, mag den Anschluss wiederherstellen. Im Vordergrund eines der Bilder beginnt eine Baustelle, die durch ein Netz von der Umgebung abgetrennt ist. Dieses Netz gibt ein Muster vor, das im Hintergrund wieder aufgenommen wird, beispielsweise durch Hochhausfassaden. Dazwischen verläuft eine Straße oder breitet sich ein Platz aus, sodass sich der Objektbezug konkret realisieren lässt. Dennoch löst sich das geübte Auge davon und entwirft über die besondere Farbigkeit noch ein weiteres Muster. Selbst die Menschen auf dem Bild, die in keines dieser Muster hineinzupassen scheinen, werden irgendwo integriert, sei es über die Farbflecken ihrer Kleidung oder durch ihre wohl zufällige Verteilung im Bild.

Gregory Bateson hat von ästhetischen Mustern gesprochen. »Mit Ästhetik meine ich Aufmerksamkeit für *das Muster, das verbindet.*«[6] Solche Muster, einfach beschrieben, sollten aus Gestalten, Formen und Relationen entstehen. Sie gehen aus Beschreibungen verschiedener Stufen hervor, die sich auf Vergleiche beziehen, deren Korrelate immer weiter auseinander driften. »Meine zentrale These«, so noch einmal Bateson, »lässt sich nun in Worten andeuten: *Das Muster, das verbindet,*

ist ein Metamuster. Es ist ein Muster von Mustern. Und genau dieses Metamuster definiert die weit reichende Verallgemeinerung, dass es in der Tat *Muster sind, die verbinden.*«[7] Um den Anschluss an die Fotografie wieder herzustellen, spreche ich von der Organisation der Wahrnehmung, die, auf das Fotografieren metaphorisch angewandt, bedeuten könnte, mit der Fotografie etwas zu organisieren.

Welche Muster verbinden? Und welche bilden Metamuster? Die visuell beschreibbaren Muster haben wir in verschiedenen Bildtypen gefunden. Sie sind sinnliche Ereignisse einer durch Wissen geschaffenen Struktur. Sie entstehen beim Wechsel von einer Bildebene zur anderen, sind nur potenziell vorhanden, sind also von der Aktualisierung abhängig. Solche Muster bleiben relevant, wenn sie als Metaphern Verwendung finden. So erleben wir etwas als zerstört, was tatsächlich eine Vorstufe einer neuen Siedlung ist. Eine allzu gleichmäßig strukturierte Textur legt Unübersichtlichkeit nahe, obwohl im kleinen Ausschnitt die Regelmäßigkeit der Teile höchste Ordnung und Übersicht gewährt. Die übergreifenden Muster, die Metamuster, entstehen aus einer Art Selbstähnlichkeit, die sowohl im Hinblick auf den einzelnen Menschen als Teil einer Gesellschaft, die aus Menschen besteht, zu konstatieren ist, aber ebenso für seine kleine Behausung. Viele solcher Behausungen aufeinander gelegt ergeben ein Hochhaus. Und auch Hügel für neue *gated communities* bestehen aus kleinen Erdbrocken, die erst angehäuft einen Hügel ausmachen.

Die fotografischen Bilder sind trotz direkter Objektbezogenheit nicht zu verwechseln mit den Objekten selbst. Es sind die Bilder, die Orte und Ereignisse schaffen, es sind Beschreibungen von Beschreibungen. Dass wir solche Orte dann in den Städten wahrnehmen, ist eine Folge der Ästhetisierung durch die Fotografen. Dieser Prozess hängt mit dem Prinzip Fotografie zusammen, das erst sinnvoll anwendbar wird, wenn man das Bild in

of perception, that might mean, applied metaphorically, the organisation of something through the use of photography. Which patterns unite? And which create metapatterns? We have found visually describable patterns in different types of pictures. They are sensuous events of a structure created through knowledge. They emerge from the alternation between one picture level and another, they exist only potentially and thus are dependent on actuality. Such patterns remain relevant if they find use as metaphors. So we experience something as destroyed, and this may actually be a preliminary stage of a new community. A too-symmetrically structured texture comes close to creating confusion, even though in the detail, there is a regularity that gives the highest degree of order and outline. The generalised pattern – the metapattern – emerges from a type of self-resemblance, that is detectable not only with respect to the individuals as a part of a society that is created from them, but with respect to their small dwellings as well. Several of these dwellings laid on top of each other create a tower block. And hills for new walled-off communities are created out of small bits of earth, that only make a hill when piled up. The photographic pictures are not to be confused with objects themselves in spite of their direct relationship to objects. The pictures are what create places and events, descriptions of descriptions. That we then perceive such places in cities is a consequence of the aesthetisation through photographs. This process is related to the principle of photography, that may only be usefully applied if the picture is used as an element in the interpretation of a "statement." A statement is made from a subject and a predicate. The subject is the "object" in a photograph, and the "picture" is the predicate. From this point of view every photograph is an interpretation of the object that it presents. If a photographic picture, as described above, implies different levels of description, then

Claudio Hils
Tokio / Tokyo
▷ S./p. 31

it is still left open which of these levels will be brought into the interpretation. Or formulated differently: we use the possible levels as hypotheses, whose meaning first becomes apparent through their consequences. The hypotheses then often take over the function of a metaphor. The pictures of Claudio Hils have metaphoric characters exactly where they transform a non-place into a place, gaining significance to us the viewer through the pictures. Meaning emerges, on the one hand, from aesthetic concepts and their patterns; on the other hand, it is the "impossible" situations that the pictures present as possible. And we project these "conceptual" pictures as situations, events, or places back onto the reality of the place. The dismantling of the symbolically structured organisation that we visualise as a city accompanies this process. The process of levelling can leave out nothing; otherwise everything will

become equivalent. In Tokyo an elevated highway supported by a concrete pillar, runs straight through the upright photograph. Underneath this there are steps, paths, and streets that abruptly end at a quayside, and some people who are apparently looking at the water (Ill. p. 31). There is a view of tower blocks behind the elevated highway, and a black building with a golden flame. Everything in this picture, other than the flame, has the effect of being somewhat confusing. However, with the knowledge that the clouds and the building were drafted by Philippe Starck, a symbol becomes available. As early as the end of the seventies Robert Venturi and his colleagues had coined the slogan "Learning from Las Vegas."[8] "More important than the pure amusement between the dream-like sets are the changes adopted in our way of seeing." A short description of a typical symbol of Las Vegas follows the "program": "The

der Interpretation als Teil einer Aussage nutzt. Eine Aussage besteht aus einem Subjekt und einem Prädikat. Das Subjekt ist der »Gegenstand« auf einem Foto, und das »Bild« ist das Prädikat. Insofern ist jedes Foto eine Interpretation des Gegenstandes, den es zeigt. Wenn ein fotografisches Bild, wie oben beschrieben, verschiedene Ebenen der Beschreibung impliziert, dann bleibt es offen, welche dieser Ebenen in der Interpretation herangezogen wird. Anders formuliert: Die möglichen Ebenen benutzen wir als Hypothesen, die ihren Sinn erst in möglichen Folgerungen erweisen. Die Hypothesen übernehmen dabei häufig die Funktion einer Metapher. Die Bilder von Claudio Hils haben metaphorischen Charakter dort, wo sie Un-Orte zu Orten machen, die durch die Bilder für uns als Betrachter Sinn machen. Sinn entsteht einerseits durch ästhetische Konzepte und ihre Muster, andererseits sind es die »unmöglichen« Situationen, die uns durch die Bilder als möglich präsentiert werden. Und wir projizieren diese »begriffenen« Bilder als Situationen, Ereignisse oder Orte zurück auf die Gegebenheiten vor Ort. Mit diesem Prozess einer geht ein Abbau symbolisch strukturierter Organisation dessen, was wir uns als Stadt vorstellen. Ein Prozess der Nivellierung spart nichts aus oder alles wird gleichwertig. Ein Bild aus Tokio präsentiert quer durchs Hochformat laufend eine Hochstraße, gestützt von einem Betonpfeiler. Darunter Treppen, Wege, Straßen, die abrupt an einer Kaimauer enden, und einige Menschen, die offensichtlich auf das Wasser schauen (Abb. S. 31). Ein Blick auf Hochhäuser hinter der Hochstraße und ein schwarzes Gebäude mit einer goldenen Flamme. Alles bis auf die Flamme wirkt auf diesem Bild eher unübersichtlich. Doch mit dem Wissen, dass die Wolke und das Gebäude von Philippe Starck entworfen worden sind, haben wir ein Symbol in den Händen. Schon Ende der siebziger Jahre haben Robert Venturi und seine Kollegen die Parole »Lernen von Las Vegas«[8] ausgegeben. »Wichtiger als das reine Amüsement

photos show how vital a suggestive architecture can be; they open our eyes to how lethal the imprisonment in the Ghetto of good taste can be; how strained the efforts made to capture the last detail may be. The example of the strip shows how valuable the use of the symbolic may be, that are, for architecture, the solace for measured-out irritation, that has to cope with big, empty rooms and high speeds; (…) Allusions and commentaries, whether of the past or present, which relate to platitudes or deeply-rooted prejudices, and the incorporation of daily life from our normal surroundings, be it secular or sacred – all of this is missing in our 'modern' architecture today. We can learn a lot about this shortcoming in Las Vegas; before architects, other artists had already done something in their field, for their specific stylistic methods."[9] Relativisation was employed in photographs as early as the eighties, which actually began with a critique on worn out symbols and finally involved the beautification of the as yet undifferentiated. With that a phase of metaphoric creation began, which Claudio Hils attempted with his pictures.

Los Angeles appears to be a city whose functionality has exhausted itself in mobility. The automobiles follow the streets, their twists, ramps and exits, in order to get somewhere and to set off from somewhere again. Dimensions expand which dwarf the pace length of a pedestrian and which make his tempo seem absurd. Such a city actually reveals itself to the viewer only from the sky, as a plane approaches low over the city as if about to lose itself in the network of streets. A further aspect of mobility is shown through the constant transformation of such cities: expansion from a periphery, always in the process of redefinition. Entire city sections will be abandoned by their residents and left to decay, and a new start made somewhere else, driven perhaps by the proverbial pioneer spirit.

zwischen den Traumkulissen sind jedoch die dabei eingeleiteten Veränderungen unserer Sehweisen.« Einer kurzen Beschreibung einiger typischer Symbole in Las Vegas folgt dann das »Programm«: »Diese Bilder zeigen, wie vital eine Architektur beziehungsreicher Anspielungen sein kann; sie öffnen uns die Augen dafür, wie tödlich andererseits die konsequente Gefangenheit im Ghetto des guten Geschmacks, das angestrengte Mühen um die konsequente Gestaltung auch des letzten Details werden können. Das Beispiel des Strip beweist, wie wertvoll die Verwendung des Symbolischen, die Zuflucht zu dosierten Irritationen für eine Architektur sind, die mit großen leeren Räumen und hohen Geschwindigkeiten zu Rande kommen muss; […] Anspielungen und Kommentare, ob nun auf Vergangenes, Gegenwärtiges, auf die von allen geteilten Allgemeinplätze oder auf festverwurzelte Vorurteile bezogen, und die Einbeziehung des Alltäglichen aus unserer jeweiligen Umgebung, sei es profan oder geheiligt –, dies alles fehlt unserer heutigen ›modernen‹ Architektur. Über diesen Mangel können wir in Las Vegas vieles lernen; vor den Architekten haben das schon andere Künstler für ihren Bereich, für ihre spezifischen stilistischen Mittel getan.«[9] Schon in den achtziger Jahren setzte die Relativierung durch die Fotografen ein, die allerdings mit einer Kritik an den abgenutzten Symbolen begannen und sich schließlich auf eine Ästhetisierung des noch nicht Differenzierten einließen. Und damit beginnt eine Phase der Metaphernbildung, wie sie Claudio Hils mit seinen Bildern versucht.

Los Angeles scheint eine Stadt zu sein, deren Funktionalität sich in Mobilität erschöpft. Die Autos folgen den Straßen, deren Verknotungen, Auf- und Abfahrten, um irgendwo anzukommen und von irgendwo wieder aufzubrechen. Es breiten sich Dimensionen aus, die über das Schrittmaß eines Fußgängers erhaben sind und sein Tempo als eine Form des Absurden registrieren. Solch eine Stadt zeigt dem Betrachter ihren Sinn eigentlich nur aus

der Luft, während der Flieger schon dabei ist, sich in das Netz von Straßen einzuspeisen. Ein weiterer Aspekt von Mobilität beschreibt den beständigen Wandel solcher Städte: Ausdehnung über die Peripherie hinaus, die immer neu fixiert wird. Ganze Stadtteile werden von den Bewohnern verlassen und zerfallen, und irgendwo beginnt man von vorne, vielleicht vom sprichwörtlichen Pioniergeist getrieben.

Las Vegas ist eine Stadt artifizieller Bilder (Abb. S. 51). Versatzstücke vieler Kunstepochen breiten sich aus. Doch lässt sich durchaus nachvollziehen, was hier in schrillem Ambiente zu haben ist. Entertainment auf dem Rücken des Glücksspiels provoziert ja geradezu die bunten Kulissen. Und konsequent werden Erinnerungen an griechisch-römische Kultur als Rückgriff auf ein verlorenes, aber potenziell durch Spiel wiederzuerlangenes Arkadien wach. Dazu der Gegensatz zwischen sonnenblassem Tag und illuminierter Nacht. Diese Künstlichkeit ist nicht so weit entfernt von Kunst. Nicht nur die amerikanische Pop Art ist Produkt und Animator dieser Welt, sondern bietet nicht jedes bessere Museum diese Künstlichkeit dessen, was einmal zum Dynamischen des Lebens zählte? Wie die Dinge im Museum, wie die Sub- und Alltagskultur in der Pop Art, erscheint ganz Las Vegas wie ein Museum des Entertainment. Für die Bewohner, Touristen und Glückspiraten stellt es ein Ambiente, wo genau solche Verhaltensweisen sinnvoll erscheinen, die anderswo ins Absurde abdriften würden. Also sind es keine Kulissen, sondern kulturelle Lebensräume, in denen sogar das Glück Wirklichkeit werden darf.

Zwei extreme Verortungen passen in dieses Konzept: Die verglaste Welt des Big Business und der Boutiquen und die *gated communities*, die von Schutzzäunen umgebenen Wohnanlagen. Letztere bieten nicht nur Schutz, sondern auch Dienstleistungen für angenehmes Leben rund um die Uhr. Schon die großen Malls wirken wie Wehranlagen des Mittelalters, als ob es gelte, den Zauber

der Warenwelt innerhalb der Mauern gegen die Zwänge und Zufälligkeiten des Alltags zu schützen. So wirken auch die aus einem Guss entstandenen Wohnanlagen, als ginge es darum, das innen zelebrierte Leben vor der eigenen Zerbrechlichkeit zu bewahren. Also doch ein Leben in Kulissen?

Die spiegelnden Fassaden und die üppigen Illuminationen lassen die Bauwerke zu Bildern werden, manchmal opak, meistens durchscheinend, ohne wirklich durchsichtig zu sein. Ein virtueller Raum entsteht, der, wesentlich vom Licht erzeugt, verschwindet, wenn dieses erlöscht. Es ist wie in einem dunklen Kinosaal, in dem ein Film läuft, in dem wir selbst eine Rolle zu spielen scheinen. Spätestens am Ende des Films bemerken wir, dass wir nur Zuschauer waren. Claudio Hils macht Bilder von solchen Bildern, und wir bleiben Zuschauer.

Doch viele Menschen leben in solchen Bildern, was wir als Zuschauer immer dann realisieren, wenn sie an uns vorübergehen, ohne uns zu bemerken (Abb. S. 46). Die Städte sind ihre Lebensräume, und indem sie dieses Leben leben, entstehen komplexe Verhaltensweisen, und alle funktionalen Bereiche, die in immer anderen Koordinationen zwischen Komplexität und Banalität oszillieren. Die bunte Künstlichkeit des Neonlichts oder die gespiegelten Fragmente in spiegelnden Fassaden, die Reste zerstörter Fabrikhallen oder die aufgetürmten Häuserblocks fotografiert, werden zu Metaphern einer sich entmaterialisierenden Welt. Vielleicht bewahrt die Flucht in die imaginären Konstruktionen der Bilder vor dem drohenden Kollaps.

Der Blick des Fotografen ist projizierend. Nur auf diese Weise kann er die Unübersichtlichkeit, die er selbst erzeugt, organisieren. Das amerikanische *All-over* – entstanden aus der

Claudio Hils
Las Vegas
▷ S./p. 51

Las Vegas is a city of artificial pictures (Ill. p. 51). There are pieces from many artistic epochs spread around the city. But there is no difficulty in knowing what is available in this shrill atmosphere. The colourful backdrop is predestined for games of chance. And, of course, there are reminiscences of Greco-Roman culture – a reminder of a lost Arcadia – potentially to be won back through gambling. In addition, there is the contrast between the bright daylight and the artificially illuminated night – an artificiality that is not so far away from art. American Pop Art is not the only product and animator in this world, but does not every better museum offer this artificiality, which was once counted as the dynamic of life? As with the objects in museums, or the quotidian sub-culture displayed Pop Art, all of Las Vegas appears to be a museum of entertainment. It creates an atmosphere for the residents, tourists, and gamblers that makes such behaviour appear rational, behaviour that would tend towards the absurd anywhere else. It is not the staging, but rather the cultural biosphere which makes it seem as if luck may become a reality.

Two extremes fit into this concept: the vitrified world of Big Business and boutiques, and that of the gated communities – housing developments surrounded with fences for protection. The latter offer not only protection, but also the services needed for a life of comfort round-the-clock. Even the large malls resemble the systems of defence of the middle ages, as if to protect the magic of the consumer world within these walls from the necessities and trepidations of daily life. The rows of identical houses also appear as if designed to preserve those living within from their own fragility. Perhaps not so far removed from living on a stage set?

The reflecting facades and the opulent illumination make the buildings appear as pictures, sometimes opaque, mostly seemingly transparent, yet without transparency. A virtual space is created, produced mainly from light, which disappears, when the light is extinguished. Perhaps not unlike a dark cinema, where a film is playing

erhabenen Unendlichkeit deutscher Romantik – bietet sich an, die ausufernde Weite Amerikas oder der Städte überhaupt zu erfassen, deren kleinste Ausschnitte potenzielle Bilder sind. Vor Erfindung der Fotografie war es die Vedute, die Landschaft und Städte für Bildungsreisende transportabel machte. Für Amerikaner ist es auch heute nichts Ungewöhnliches, wenn venezianische Architektur, dem Original treu folgend, Versatzstück einer Stadt wird. Das vormoderne Europa startete mit dem Klassizismus ein Programm der Historisierung, das viele europäische Städte nachhaltig geprägt hat. Die zeitgenössische Welle der Ästhetisierung hat durch die Fotografie eine ähnlich programmatische Funktion. Angesichts der Welt der Objekte wählt sie aus dem Fundus ästhetischer Muster aus, der im letzten Jahrhundert entstanden ist, um sie auf die Objekte zu projizieren.

Es bleibt in diesem Vorgehen nicht aus, dass die Objekte den Bildern entsprechend verändert werden, und ebenso wenig ist ausgeschlossen, dass die Objekte für die Bilder in Szene gesetzt werden. Für die Amerikaner steht das Erscheinungsbild im Vordergrund, wenn sie von Corporate Identity sprechen.

1 Italo Calvino, *Die unsichtbaren Städte*, München 1985, S. 46.

2 Ebd., S. 51.

3 Wolfgang Welsch, *Ästhetisches Denken*, Stuttgart 1990, S. 9 f.

4 Ebd., S. 33.

5 Ebd.

6 Gregory Bateson, *Geist und Natur. Eine notwendige Einheit*, 3. Aufl., Frankfurt/Main 1982, S. 16.

7 Ebd., S. 19.

8 Robert Venturi, Denise Scott Brown und Steven Izenour, *Lernen von Las Vegas. Zur Ikonographie und Architektursymbolik der Geschäftsstadt*, Braunschweig 1979.

9 Ebd., S. 86.

in which we ourselves appear to have a role. It is only at the end of the film that we realise that we are just spectators. Claudio Hils takes pictures of such pictures, and we remain spectators. But many people are living in such pictures; we realise this when they pass us without noticing us (Ill. p. 46). The cities are their living space and as they live this life, a complex behavioural pattern arises, whose co-ordinates are constantly oscillating between complexity and banality. The bright artificiality of neon lights or the reflecting fragments in the mirrored facades, the remains of demolished factory halls or towering blocks of flats photographed, become metaphors for a dematerialised world. Perhaps fleeing into the imaginary construction of the pictures protects us from a threatened collapse. The view of the photographer is projected. Only in this way can he organise the confusion that he himself has produced. The American *All-over* that arose from the magnificent boundlessness of German Romanticism – offers itself as a medium for grasping the sprawling dimension of America or of cities, the smallest details of which are potential pictures. Before the invention of photography landscape painting was the medium that made both the countryside and cities transportable for travellers on an educational journey. Today it is also not unnatural for Americans for Venetian architecture to epitomise and in some sense become a substitute for a city. With classicism, pre-modern Europe began a program of historicism that has had a long-lasting influence on many European cities. The contemporary wave of beautification has achieved a similar programmatic function through photography. Taking its clue from the world of objects, photography selects from the wealth of aesthetic patterns that have arisen in the past century, in order to project them on to objects.

This process does not exclude that the subjects of pictures will be correspondingly changed, and it is just as unlikely that the subjects of the pictures will have attention drawn to them. When Americans speak of "corporate identity" appearance takes centre stage.

1 Italo Calvino, *Die unsichtbaren Städte*, Munich 1985, p. 46.

2 loc. cit., p. 51.

3 Wolfgang Welsch, *Ästhetisches Denken*, Stuttgart 1990, p. 9 f.

4 loc. cit., p. 33.

5 loc. cit.

6 Gregory Bateson, *Geist und Natur. Eine notwendige Einheit*, 3rd Printing, Frankfurt/Main 1982, p. 16.

7 loc. cit., p. 19.

8 Robert Venturi, Denise Scott Brown and Steven Izenour, *Lernen von Las Vegas. Zur Ikonographie und Architektursymbolik der Geschäftsstadt*, Braunschweig 1979.

9 loc. cit., p. 86.

Zum Fotografen und den Autoren

Claudio Hils
Geboren 1962
1982–1993 Studium der Visuellen Kommunikation
an der Universität GH Essen
Seit 1993 freischaffender Fotograf und
Kommunikationsdesigner
Arbeitsgebiete: Journalismus, Fotografie
und Video, Konzeption und Gestaltung von
Ausstellungen, Buchpublikationen
Lebt und arbeitet in Essen und Ravensburg

Dr. Sabine Presuhn
Geboren 1963
Studium der Geschichte (Schwerpunkt Mittelalter),
Musikwissenschaften und Germanistik in
Bremen und Münster
Freie Historikerin in Ulm

Sebastian Redecke
Geboren 1957
1980–1987 Architekturstudium an der
TU Braunschweig und an der Universität Rom
Seit 1990 Redakteur bei der Architekturzeitschrift
Bauwelt in Berlin

Prof. Manfred Schmalriede
Geboren 1937
Studium der Malerei und Fotografie an der
Hochschule für Künste, Hamburg; Geschichte,
Kunstgeschichte und Philosophie an den
Universitäten Hamburg, Stuttgart und
Tübingen
Seit 1971 Professor für Kunst- und Designtheorie an
der Fachhochschule Pforzheim, Hochschule für
Gestaltung, Technik und Wirtschaft
1979–1991 Lehrauftrag für Geschichte und Theorie
an der Universität Essen

Prof. Dr. Ulrich Schneider
Geboren 1950
1970–1979 Studium der Kunstgeschichte,
Archäologie und Geschichte in Regensburg,
Erlangen, Heidelberg und Rom
1981–1990 am Germanischen Nationalmuseum
in Nürnberg
Seit 1983 zahlreiche längere Aufenthalte in Japan
Seit 1990 Direktor der Museen der Stadt Aachen
Seit 1991 Lehrbeauftragter am Kunsthistorischen
Institut der Rheinisch-Westfälischen
Technischen Hochschule (RWTH) Aachen
Seit 1999 Honorarprofessor an der RWTH Aachen

Max Stemshorn
Geboren 1964
1983–1989 Studium der Architektur und Stadt-
planung in Stuttgart
1990–1994 Wissenschaftlicher Assistent an der
Hochschule für Gestaltung in Linz, Österreich
Seit 1994 Architekt und Stadtplaner in Ulm
Seit 1998 Ausstellungskurator am Stadthaus Ulm

Prof. Dr. Klaus Töpfer
Geboren 1938
1985–1987 Umweltminister des Landes Rheinland-
Pfalz
1987–1994 Bundesumweltminister
1994–1998 Bundesbauminister und Beauftragter
der Bundesregierung für den Berlin-Umzug
Seit 1998 Exekutivdirektor des United Nations
Environment Programme (UNEP),
Unter-Generalsekretär der UN und General-
direktor des Büros der Vereinten Nationen
in Nairobi

About the Photographer and Authors

Claudio Hils
Born 1962
1982–1993 Study of Visual Communication at the University of Essen
Since 1993 Free-lance photographer and communications designer
Fields of work: Journalism, photography and video, conception and design of exhibitions, book publications
He lives and works in Essen and Ravensburg

Dr. Sabine Presuhn
Born 1963
Study of History (area of specialisation: The Middle Ages), Musicology and German Literature in Bremen and Münster
Free-lance historian in Ulm

Sebastian Redecke
Born 1957
1980–1987 Study of Architecture at the TU, Braunschweig and at the University of Rome
Since 1990 Editor for the architectural journal *Bauwelt* in Berlin

Prof. Manfred Schmalriede
Born 1937
Study of Fine Art and Photography at the Art Academy, Hamburg; History, Art History and Philosophy at the University of Hamburg, Stuttgart and Tübingen
Since 1971 Professor of Art- and Design Theory at the Fachhochschule Pforzheim, Academy of Design, Technology and Economics
1979–1991 Lecturer for History and Theory at the University of Essen

Prof. Dr. Ulrich Schneider
Born 1950
1970–1979 Study of Art History, Archeology and History at Regensburg, Erlangen, Heidelberg and Rome
1981–1990 On the staff of the Germanisches National-museum, Nuremberg
Since 1983 Numerous extended visits to Japan
Since 1990 Director of Museums in Aachen
Since 1991 Lecturer at the Technische Hochschule of Rhineland-Westphalia (RWTH) Aachen
Since 1999 Honorary Professor at the RWTH Aachen

Max Stemshorn
Born 1964
1983–1989 Study of Architecture and Town Planning in Stuttgart
1990–1994 Scientific assistant at the Academy of Design in Linz, Austria
Since 1994 Architect and Town planner in Ulm
Since 1998 Curator of Exhibitions at the Stadthaus exhibition hall, Ulm

Prof. Dr. Klaus Töpfer
Born 1938
1985–1987 State Minister of Environment and Health of the Federal State of Rhineland-Palatine
1987–1994 Federal Minister of the Environment, Nature Conservation and Nuclear Safety
1994–1998 Federal Minister of Regional Planning, Building and Urban Development and Coordinator of the Transfer of Parliament and Federal Government to Berlin
Since 1998 Executive Director of the United Nations Environment Programme (UNEP), Under-Secretary-General of the United Nations and Director-General of the United Nations Office at Nairobi

Claudio Hils
Foto-Essay / Photo-essay

Danksagung

Bei allen, die zum Gelingen dieses Projektes beigetragen haben , möchte ich mich recht herzlich bedanken. Besonderer Dank an:
Maria Alice Dias Capozoli, Ulisses Capozoli, João Guilherme Siqueira Dias, Carlos Alberto M. Oliveira Filho, Ana Furlan, Karl Hans Fuss, Jürgen Schwämmle, Greg Kucera, Sarah Mitchell, Mark Harbison, Ede Müller, Miriam Siefert, Jörg Ulrich, Axel Stoffers, Ulrich Schneider, Max Stemshorn, Željka Stepanović, Manfred und Silke Schmalriede, Zoltán Jókay, Thomas Knubben, Angelika und Nigel Dye, Dorothea Knoesel, Kathryn Villeneuve, Christoph und Markus Schaden

Claudio Hils

Note of thanks

I would like to express my thanks to all those who have contributed to the success of this volume.
Especial thanks go to:
Maria Alice Dias Capozoli, Ulisses Capozoli, João Guilherme Siqueira Dias, Carlos Alberto M.Oliveira Filho, Ana Furlan, Karl Hans Fuss, Jürgen Schwämmle, Greg Kucera, Sarah Mitchell, Mark Harbison, Ede Müller, Miriam Siefert, Jörg Ulrich, Axel Stoffers, Max Stemshorn, Ulrich Schneider, Željka Stepanović, Manfred and Silke Schmalriede, Zoltán Jókay, Thomas Knubben, Angelika and Nigel Dye, Dorothea Knoesel, Kathryn Villeneuve, Christoph and Markus Schaden

Claudio Hils

Inhalt
Contents

Herausgeber / Editor
Max Stemshorn

Redaktion / Editing
Max Stemshorn

Verlagslektorat (deutsch) / Copy editing (German)
Judith Vajda

Lektorat (englisch) / Copy editing (English)
Ronald D. Walker

Übersetzungen / Translations
Justin Morris, Michael Brunet

Grafische Gestaltung und Satz /
Graphic Design and typesetting
Eduard Keller-Mack

Herstellung / Layout
Christine Müller

Prints
Claudio Hils, Axel Stoffers

Reproduktion / Reproduction
Franz Kaufmann GmbH, Ostfildern-Ruit

Gesamtherstellung / Printed by
Dr. Cantz'sche Druckerei, Ostfildern-Ruit

Erschienen im / Published by
Hatje Cantz Publishers
Senefelderstraße 12
73760 Ostfildern-Ruit
Deutschland
Tel. 00 49 / 7 11 / 4 40 50
Fax 00 49 / 7 11 / 4 40 52 20
Internet: www.hatjecantz.de

Distribution in the US
D.A.P., Distributed Art Publishers, Inc.
155 Avenue of the Americas, Second Floor
USA-New York, N.Y. 10013-1507
Tel. 0 01/2 12/6 27 19 99
Fax 0 01/2 12/6 27 94 84

ISBN 3-7757-1061-2

Printed in Germany

Umschlagabbildung / Cover illustration
São Paulo

Frontispiz / Frontispiece
São Paulo

Rückseite / Back Cover
Los Angeles

Die Deutsche Bibliothek - CIP-Einheitsaufnahme

Dream City : Zur Zukunft der Stadträume ;
Stadthaus Ulm, 29.4. -1.7.2001 /
hrsg. von Max Stemshorn. Texte von Sabine Presuhn .... -
Ostfildern-Ruit : Hatje Cantz, 2001

ISBN 3-7757-1061-2

Abbildungsnachweis / Photo Credits

Soweit nicht anders angegeben, entstammen die
Abbildungen den Privatarchiven der Autoren.

Unless otherwise indicated, illustrations are from
the private collections of the authors.

S. 84: Martin Duckek, Ulm; S. 85: Bruno Taut, *Die
Auflösung der Städte*, Hagen 1920; S. 86: Architektur-
museum der Technischen Universität München;
S. 87: oben/top: Stadtarchiv Ulm; S. 87: unten/below:
Le Corbusier, *Urbanisme*, Paris 1925; S. 90: Ludwig
Hilberseimer, *Großstadtarchitektur*, Stuttgart 1927;
S. 91: Le Corbusier, *Urbanisme*, Paris 1925;
S. 92: Ludwig Hilberseimer, *Großstadtarchitektur*,
Stuttgart 1927; S. 93: Deutsches Nationalkomitee für
Denkmalschutz, Berlin; S. 94: Le Corbusier, *Urbanisme*,
Paris 1925; S. 95: Deutsches Architekturmuseum
Frankfurt; S. 96: Wolfgang Loeser, Pirmasens;
S. 98: *StadtBauwelt* 2000, Nr. / vol. 12, S, / p. 29
(Foto von / photo by Harald Bodenschatz);
S. 116: Archipress; S. 117: F. Guy/Agence d'Urbanisme,
Lyon; S. 118: Archipress; S. 119: Stadt / City of Lyon
S. 120: Gérard Dufresne

Das Buch erscheint als Katalog zur Ausstellung
This catalogue is published on the occasion
of the exhibition
»Dream City«

Stadthaus Ulm
29. April bis 1. Juli 2001 / April, 29, to July, 1, 2001

Suermondt-Ludwig-Museum Aachen

Stadthaus Ulm
Münsterplatz 50
D - 89073 Ulm
stadthaus@ulm.de
www.stadthaus.ulm.de

Leitung / Director
Dr. Joachim Gerner

Ausstellung / Exhibition

Projektleitung und Gestaltung /
Project management and presentation
Max Stemshorn

Fotografien / Photographs
Claudio Hils

Organisation / Organization
Karla Nieraad

Öffentlichkeitsarbeit / Public relations
Anja Göbel

Verwaltung / Administration
Lieselotte Thurner
Renate Siehler

Technik und Ausstellungsaufbau / Technical staff
Paul Stauber
Joachim Fischl
Franz Nägele

Sekretariat / Secretariat
Sabine Schwarz